TRATADO POLÍTICO

TRATADO POLÍTICO
Baruch de Espinosa

Tradução, introdução e notas
DIOGO PIRES AURÉLIO

Revisão
HOMERO SANTIAGO

SÃO PAULO 2017

Esta obra foi publicada originalmente em latim com título
TRACTATUS POLITICUS.
Copyright © 2009, Editora WMF Martins Fontes Ltda.,
São Paulo, para a presente edição.

1ª edição 2009
2ª tiragem 2017

Tradução
DIOGO PIRES AURÉLIO

Revisão
Homero Santiago
Acompanhamento editorial
Luzia Aparecida dos Santos
Revisões gráficas
Helena Guimarães Bittencourt
Maria Regina Ribeiro Machado
Produção gráfica
Geraldo Alves
Paginação
Studio 3 Desenvolvimento Editorial

Dados Internacionais de Catalogação na Publicação (CIP)
(Câmara Brasileira do Livro, SP, Brasil)

Spinoza, Benedictus de, 1632-1677.
   Tratado político / Baruch de Espinosa ; tradução, introdução e notas Diogo Pires Aurélio ; revisão da tradução Homero Santiago. – São Paulo : Editora WMF Martins Fontes, 2009. – (Clássicos WMF)

   Título original: Tractatus politicus.
   ISBN 978-85-7827-141-1

   1. Filosofia holandesa 2. Política I. Título.

09-05191   CDD-320.01

Índices para catálogo sistemático:
1. Filosofia política   320.01

Todos os direitos desta edição reservados à
Editora WMF Martins Fontes Ltda.
Rua Prof. Laerte Ramos de Carvalho, 133 01325-030 São Paulo SP Brasil
Tel. (11) 3293-8150 Fax (11) 3101-1042
e-mail: info@wmfmartinsfontes.com.br http://www.wmfmartinsfontes.com.br

Índice

Introdução VII
Cronologia LXIX
Nota sobre a presente edição LXXV

TRATADO POLÍTICO

Carta do autor a um amigo............................ 3
Capítulo I... 5
Capítulo II... 11
Capítulo III.. 25
Capítulo IV.. 37
Capítulo V... 43
Capítulo VI.. 47
Capítulo VII... 63
Capítulo VIII.. 87
Capítulo IX.. 119
Capítulo X... 129
Capítulo XI.. 137

Introdução

For I know that mere translations have in them this property: that they may much disgrace, if not well done; but if well, not much commend the doer.

Thomas Hobbes[1]

Espinosa morreu em 21 de fevereiro de 1677. Pouco tempo antes, alguém cuja identidade, provavelmente, nunca virá a ser conhecida havia-lhe sugerido que escrevesse uma obra sobre política. Por essa altura, a sua saúde já devia ser bastante débil. A tísica hereditária, possivelmente agravada pela inalação de pó de vidro no trabalho de polidor de lentes, ofício a que, na boa tradição judaica, se havia dedicado em paralelo com a investigação intelectual, começara a agudizar-se. A "tez bastante morena", emoldurada pelo cabelo preto e encaracolado, que no dizer de um dos seus biógrafos "deixava facilmente entender que ele era descendente de judeus portugueses"[2], dera agora

---

1. "To the readers", in Thucydides, *The Peloponnesian War*, in *The English Works of Thomas Hobbes of Malmesbury*, London, John Bohn, 1839-1841, vol. 8, p. 7. Agradeço ao meu colega Prof. Doutor Pedro Tavares de Almeida o ter-me lembrado esta hobbesiana "precaução".
2. Johannes Nicolaus Köhler (Colerus), *Korte dog waaragtige levensbeschrijving van Benedictus de Spinoza*, Amsterdam, J. Lindenberg, 1705, trad. de A. Domínguez, *in* A. Domínguez (comp.), *Biografías de Spinoza*, Madrid, Alianza Editorial, 1995, p. 112. A referência à aprendizagem de um ofício em concomitância com os estudos de teologia e, posteriormente, de filosofia, como mandam alguns antigos rabis, é também de Colerus, cit., p. 109: "aprendeu a polir vidros para lentes de telescópios e outros usos". A perícia alcançada por Espinosa nesta matéria é certificada abundantemente na correspondência de Huygens. Cf. A. Domínguez, cit., pp. 192-3.

lugar ao rosto macilento que se adivinha nos retratos. A tosse constante, a febre e as insônias impediam-lhe certamente a concentração e a serenidade de que necessitava para prosseguir a sua obra. Uma ou outra mancha de sangue na expectoração devia lembrar-lhe, com progressiva insistência, o fim já não muito distante. Só a discrição e a reserva que se lhe atribui comumente poderiam fazer com que não desse a entender o sofrimento e a evolução da doença a quem dele se aproximava. Talvez por isso, a maior parte dos testemunhos refere que ninguém contava com a sua morte naquela tarde de inverno, à hora em que o pintor em casa de quem tinha quarto alugado fora com a família assistir ao ofício religioso, pois era o último domingo antes do Carnaval. O médico Georg H. Schuller, porém, visitara-o umas semanas antes e, em seguida, apressara-se a informar Leibniz, em carta remetida a 6 de fevereiro desse mês: "Temo que D. B. de S. (*Dominus Benedictus de Spinoza*) nos abandone em breve, uma vez que a tuberculose, doença herdada de família, parece que se agrava de dia para dia"[3].

E não era só de males físicos que Espinosa então padecia. Como se estes não fossem já suficientes, havia ainda o ambiente social e político que o rodeava e que tinha vindo a piorar desde 1672, ano em que Luís XIV invadira a Holanda e Jan de Witt, Grande Pensionário da República e protetor de Espinosa, fora assassinado com seu irmão Cornelis pela multidão em fúria numa rua de Amsterdam. Dois anos mais tarde, o príncipe de Orange, que entretanto assumira o poder, e as demais autoridades da Holanda proibiram a circulação do *Tratado Teológico-Político*, juntamente com outras obras, entre elas o *Leviatã*, de Hobbes. É certo que a morte dos irmãos de Witt não dera lugar a uma total supremacia dos pastores calvinistas, os quais vinham de há muito atiçando os fiéis contra o regime em

---

3. Cf. A. Domínguez, *Biografias de Spinoza*, cit., p. 199.

vigor desde há duas décadas. No entanto, o compromisso tácito que se estabeleceu entre os diversos grupos após o regresso ao poder da Casa de Orange era suficientemente frágil e restritivo em matéria de liberdades para não permitir a tranquilidade, mesmo ou sobretudo a alguém como Espinosa[4]. Manifestamente, os ventos tinham mudado e a suspeição intelectual voltara de novo a sentir-se nas Províncias Unidas. Uma passagem de olhos, breve que seja, pela correspondência do filósofo nestes seus últimos anos chega para comprovar os receios que se multiplicam e propagam entre os seus amigos. Basta reparar nas precauções de que se rodeia Henry Oldenburg, com medo de que se saiba que ele recebe as obras do "ateu" israelita, pese embora ser um diplomata que frequenta as melhores famílias de Inglaterra; ou no afã em renegá-lo que invade os racionalistas a viver na Holanda, sempre receosos de que alguém os tome por seus discípulos. A título de exemplo, leia-se esta carta do segundo semestre de 1675, onde Espinosa explica, precisamente a Oldenburg, os motivos que o levam a adiar a edição da *Ética*:

> No momento em que recebi as suas cartas de 22 de Julho, parti para Amesterdão com a intenção de mandar para a tipografia o livro sobre o qual lhe escrevera. Enquanto tratava disto, espalhou-se por toda a parte o rumor de que um livro meu sobre Deus estava no prelo e que eu tentava aí demonstrar que não há nenhum Deus, rumor este em que muitos acreditavam. Então, alguns teólogos (quiçá os autores desse rumor) aproveitaram a ocasião para apresentarem queixa contra mim ao Príncipe e aos magistrados. Além disso, al-

---

[4]. "Pode, portanto, dizer-se – escreve Pierre Macherey, in *Avec Spinoza*, Paris, PUF, 1992, p. 126 – que Espinosa não se resigna passivamente à situação de fato, se mais não fosse porque a atualidade na qual esta se encarna é por definição precária, e condenada cedo ou tarde a desfazer-se: os graves acontecimentos que sacudiram a sociedade holandesa em 1672 (...) deram à reflexão do *Tratado Político* o seu incitamento inicial, porventura o seu objeto teórico."

guns estúpidos cartesianos, como passam por ser meus adeptos, para afastarem de si esta suspeição, não paravam, nem pararam ainda, de rejeitar por toda a parte as minhas opiniões e escritos. Assim que me inteirei disto por homens dignos de crédito, que afirmavam estarem também os teólogos a conspirar contra mim, decidi adiar a edição que preparava, até ver como a coisa evoluía e, nessa altura, comunicar-lhe a decisão que tomasse. O assunto, porém, parece ir cada dia pior, pelo que estou sem saber o que faça (...).[5]

Para terminar, Espinosa roga ao destinatário que lhe indique "as passagens do *TTP* que causaram escrúpulos aos homens doutos". E quando, a muito custo, obtém depois uma resposta de Oldenburg, é obrigado a concluir, em carta posterior, que o que estava em causa era, nem mais nem menos, o essencial de quanto se propunha publicar na *Ética*[6]. Consumava-se, desse modo, a evidência de que o círculo dos seus interlocutores mais chegados, em quem ainda havia depositado alguma esperança, se detinha agora, amedrontado, ante o caráter literalmente inaudito das teses por ele apresentadas. Nada mais restava, portanto, a não ser preparar os originais inéditos e anotar a obra já publicada, tendo em vista uma eventual edição com data que as circunstâncias não permitiam prever e que, como é sabido, só viria de fato a acontecer já depois da sua morte.

Mas eis que, neste entrementes, surge a insólita sugestão para escrever sobre política. Insólita, antes de mais,

---

5. *Ep.* 68, G IV, 299. Citam-se as obras de Espinosa a partir da edição de Gebhardt, *Spinoza Opera*, C. Winters, Heidelberg, 1925, 4 vol. (abrev. G, seguido do número do volume em ordinal e da página em cardinal), e com as seguintes abreviaturas: *Ep.* = *Correspondência*; *E* = *Ética*; *TTP* = *Tratado Teológico-Político*; *TP* = *Tratado Político*. [Diogo Pires Aurélio cita sua tradução do *Tratado Teológico-Político* a partir da 3.ª edição, integralmente revista; essa tradução foi publicada no Brasil pela Martins Fontes, seguindo porém o texto da 1.ª edição. Como há mudanças significativas entre uma e outra edição, mantivemos as remissões à edição portuguesa; o leitor, por sua vez, poderá se remeter à edição brasileira seguindo a paginação Gebhardt que é dada à margem do texto. (N. do R. T.)]

6. Cf. *Ep.* 75, G IV, 311.

porque Espinosa deveria, por essa altura, representar para o poder e para a opinião dominante alguém que precisava, no mínimo, de ser vigiado, parecendo por isso sujeito por elementar prudência a algum recato na matéria. Mas insólita, igualmente, porque o *Tratado Teológico-Político*, editado cinco ou seis anos antes, podendo embora aos olhos de hoje encarar-se como uma apologia da liberdade de filosofar e, sobretudo, como um momento de passagem no conjunto do sistema espinosano, era, para todos os efeitos, uma obra que já apresentava cinco capítulos explicitamente dedicados ao tema e conclusivos no que respeita aos fundamentos do estado e às virtualidades da república, para já não mencionar a sua original teorização do fenômeno nacional. É possível que do ponto de vista político se pudesse ler nele apenas uma simples declinação da doutrina de Hobbes, como, de resto, aconteceu até há não muitas décadas. Ainda assim, não deixa de ser intrigante o motivo de semelhante sugestão, à margem aliás de todas as questões que vemos refletidas na correspondência desses anos derradeiros.

Mais intrigante, contudo, é o entusiasmo com que Espinosa, a trabalhar nas condições precárias e até perigosas que vimos referindo, acolhe a ideia e anuncia, passados alguns meses, a conclusão dos seis primeiros capítulos[7], ele que, recorde-se, já tinha entretanto desenvolvido uma segunda vez o tema na IV Parte da *Ética*. O que é que o leva, afinal, a retomar a filosofia política?

Durante séculos, os comentadores julgaram ver aqui uma espécie de retratação do filósofo, já arrependido de ter apontado a liberdade como o verdadeiro fim da república. Traumatizado pelo assassinato do ex-Grande Pensionário Jan de Witt e de seu irmão Cornelis às mãos de uma turba enfurecida e manobrada pelos pastores calvinistas, Espinosa teria sentido necessidade de corrigir a doutrina que desenvolvera antes, moderar a defesa da liberdade e

---

7. Cf. *Ep.* 84, G IV, 335.

refletir sobre os modos de "conter a multidão", escrevendo logo no primeiro capítulo do novo tratado – alegadamente ao contrário do que escrevera no *TTP* – que "a virtude do estado é a segurança"[8]. Uma tal explicação não passa, contudo, de mera hipótese, na realidade sem grande fundamento. Fruto de uma concepção que confunde a filosofia política com as ideologias, são visíveis nesta hipótese os vestígios de uma leitura prescritiva dos textos, interessada unicamente em averiguar o que é que em cada uma das obras se propõe para atingir a finalidade em função da qual a sociedade e o estado supostamente existem. Ora, os escritos de Espinosa afastam-se em tudo de um vulgar livro de conselhos como aqueles que proliferaram na Idade Média e no Renascimento, ou dos "espelhos de príncipes" frequentes ainda entre os humanistas. O seu problema é anterior e consiste em saber como pensar o direito na sua forma de "direito comum", através do qual uma multidão de indivíduos se constitui como estado, produzindo-se, *eo ipso,* uma assimetria entre a ordem e a obediência, que mais não é do que um desdobramento da potência[9] em lei e submissão. Ambos os tratados – o *TTP* e o *TP*, como, aliás, também a IV Parte da *Ética* – lidam com essa fratura, verificável no interior de qualquer comunidade humana, ainda que nenhuma diferença natural entre os indivíduos a justifique. Ambos os livros pretendem, essencialmente, decifrar o poder e a lei em si mesmos, para lá dos vários ordenamentos e regimes em que

---

8. *TP*, I, 6, G III, 275.

9. Cf. D. P. Aurélio, *Imaginação e Poder, Estudo sobre a Filosofia Política de Espinosa*, Lisboa, Colibri, 2000, pp. 266-8. São elucidativas as palavras de Hans Kelsen a respeito da democracia como caso-limite em matéria de poder político: "Insofar as the identity of the commanding and the commanded is incompatible with the nature of a command, laws created in a democratic way cannot be recognized as commands. If we compare them to commands, we must by abstraction eliminate the fact that these 'commands' are issued by those at whom they are directed." *General Theory of Law and State* (1949), New Brunswick and London, Transaction Publishers, 2006, p. 36.

eles se dão empiricamente a ver. Em realidade, o segundo dos tratados não é um inventário dos meios de coação mais eficazes, da mesma forma que o primeiro não era alheio à questão da segurança. Den Uyl chama a atenção para o fato de também este se defrontar com os problemas com que lidará o último, dizendo com razão que "não é entre os dois tratados que há conflito, é antes no interior do próprio *TTP*"[10]. Ou seja, o pensamento político de Espinosa está longe de ter conhecido, entre 1670 e 1676, uma reviravolta de 180 graus. Entre as duas obras existe, de fato, uma linha de continuidade, a qual se exprime, não como decalque mas como refutação das duas principais teses de Hobbes – o contrato e a representação –, uma e outra impossíveis de incorporar na ontologia espinosana. No *TTP,* já pela arquitetura do livro, já pela forma como nele se pensa o político a partir da problemática e dos conceitos hobbesianos, tal refutação estava longe de resolver todas as dificuldades que levanta, não transparecendo por isso com total clareza para os contemporâneos, alguns dos quais lhe perguntam o que o separa do filósofo inglês[11]. Dessa perspectiva, poder-se-á talvez imaginar que a sugestão do correspondente "anônimo" tenha sido acolhida por Espinosa como uma oportunidade para tentar de novo explicar-se e desenvolver ordenadamente a sua própria doutrina, de modo a vincar a distância que a separa, não tanto do *TTP* como do *De Cive* e do *Leviatã*, os dois livros de Hobbes que, traduzidos para o latim e para holandês, têm na segunda metade do século XVII a maior influência na cultura política das Províncias Unidas da Holanda. Lamentavelmente, a morte antecipar-se-ia, e da solução anunciada ficaram unicamente os fundamentos que se podem intuir nos pouco mais de dez capítulos deixados pelo autor. *Reliqua desiderantur*: o resto falta.

....
10. Douglas J. den Uyl, *Power, State and Freedom. An Interpretation of Spinoza's political philosophy*, Assen, Van Gorcum, 1983, p. 41.
11. Cf. *Ep.* 50, G IV, 238-239.

Potência e direito

O *TTP* constituía, antes de mais, um manifesto a favor da liberdade de filosofar. Jamais se defendera e argumentara com tanta clareza que uma república deve permitir a todos e a cada um dos súditos a máxima liberdade de pensar e de exprimir as suas opiniões! Hobbes, por exemplo, afirmando embora que a soberania só faz sentido e é racionalmente pensável a partir de um consentimento originário de todos e de cada um dos indivíduos a ela submetidos – o contrato –, considera, no entanto, que uma liberdade indiscriminada, mesmo que só de opinião e expressão, poria em causa a obediência exigida pelo poder soberano, sem a qual uma sociedade organizada – uma *res publica* – não pode subsistir. É precisamente esta consequência que Espinosa rejeita, contrapondo-lhe a tese rigorosamente oposta, segundo a qual essa liberdade, além de impossível de rasurar no interior de cada um, é essencial para que a república viva em paz e tranquilidade. De um autor ao outro, o que muda não é apenas a avaliação da liberdade, é a avaliação da ordem pública, que o mesmo é dizer da sociedade e da soberania, com base na ideia por ambos partilhada de que esta não é derivada de nenhuma ordem superior, natural ou divina.

Hobbes, com efeito, partindo da certeza de que, enquanto prevalece a dispersão das vontades individuais, não pode haver paz, uma vez que os únicos agrupamentos que surgem e vivem amistosamente são provisórios, baseados no afeto ou no interesse e sem qualquer garantia de estabilidade, concluía que a organização política só pode pensar-se a partir da hipótese de uma renúncia total ao direito que por natureza cada indivíduo tem de fazer tudo quanto possa para sobreviver, transferindo-se esse direito para uma única pessoa, física ou jurídica, a pessoa do soberano[12]. Resumindo, a multiplicidade de opiniões e vontades, bem como o conflito que dela necessariamente deriva, só podem ser neutralizados se o direito comum se traduzir e for enunciado pela vontade de uma pessoa, artificialmente criada pelo contrato, que passará a decidir como se fosse a multidão dos seus subordinados a decidir. Que essa pessoa seja um monarca absoluto ou uma assembleia eleita, ainda que em termos práticos seja decerto relevante, não altera o problema de fundo.

Para Espinosa, contudo, esta solução apresenta dois obstáculos inultrapassáveis. Primeiro, o soberano que assim se constitui é uma ficção sem fundamento *in re*, visto ser impossível deduzir da natureza inconstante do ser humano a observância do contrato, nos termos absolutos e definitivos que a própria ideia de estado requer, muito embora ele seja também fruto de uma lei natural no sentido em que é um ditame da razão estratégica. Segundo, a cedência de direito por que se define o contrato é, em si mesma, impossível de realizar, porquanto ninguém "pode alguma vez transferir para outrem a sua potência e, consequentemente, o seu direito, a ponto de deixar de ser um homem", como se pode ler logo no início do cap. XVII do *TTP*[13]. E ainda que fosse possível tal cedência, ela não fun-

----

12. "Diz-se que um Estado foi instituído quando uma multidão de homens concordam e pactuam, cada um com cada um dos outros, que a qualquer homem ou assembléia de homens a quem seja atribuído pela maioria o direito de representar a pessoa de todos eles (ou seja, de ser o seu representante), todos sem exceção, tanto os que votaram a favor dele como os que votaram contra ele, deverão autorizar todos os atos e decisões desse homem ou assembléia de homens, a fim de viverem em paz uns com os outros e serem protegidos dos restantes homens." *Leviatã,* cap. XVIII, trad. port. de Maria Beatriz Nizza da Silva e João Paulo Monteiro, São Paulo, Martins Fontes, 2003, pp. 148-9.

13. *TTP,* XVII, G III, 201, trad. de Diogo Pires Aurélio, Lisboa, INCM, 2004, 3.ª ed., p. 339. É, no entanto, de notar que o próprio Hobbes, no capítulo XXI do *Leviatã,* ao falar da "liberdade dos súditos", adere a esta mesma doutrina, ao reconhecer que alguém condenado pelo soberano à pena capi-

daria uma cidade ou um estado, mas tão-só uma comunidade de escravos. Independentemente, pois, de haver ou não estado e soberania, os indivíduos possuem direitos que não só não podem transferir, como, inclusive, não lhes podem de nenhum modo ser retirados: é precisamente o que acontece com o direito a terem, pelo menos no seu íntimo, uma opinião. A soberania, qualquer que seja a sua expressão, esbarra sempre na opinião dos súditos, da qual tenta apossar-se através da propaganda[14], mas que não deixa jamais de se apresentar como ameaça e de se desenvolver como potência que resiste, através da permanente alteração dos afetos e da variação das potências individuais. Nenhum contrato anula a natureza. Nenhuma sociedade pode pensar-se a partir de uma ideia de indivíduo abstratamente reduzido a um átomo de racionalidade. Daí o modo incisivo como Espinosa esclarece, logo em 1674, na conhecida carta a Jarig Jelles, comerciante, amigo e destinatário de vária outra correspondência, o que o separa do autor do *Leviatã*:

....
tal, mesmo que justamente, recupera o direito a defender a sua vida, se necessário contra o soberano, uma vez que o contrário seria incoerente com a razão que justifica o pacto, ou seja, o acréscimo das garantias de sobrevivência. Mais do que uma refutação radical de Hobbes, parece haver aqui, sobretudo, uma diferente concepção da natureza humana e, por conseguinte, daquele reduto essencial que é impossível de transferir por pactos.

14. Espinosa aponta como exemplo extremo o da história dos judeus, cuja religião os tentava integrar através de rituais, de tal modo que eliminava toda a espontaneidade no quotidiano e na vida em geral, ordenando tudo, desde o modo como se devia fazer a barba ou comer, até a forma como lavrar, semear ou ceifar: "o objetivo das cerimônias foi, portanto, fazer com que os homens não fizessem nada por sua própria deliberação, mas tudo a mando de outrem". *TTP*, cap. V, G III, 75-76, trad., cit., p. 198. O próprio Hobbes, num registro obviamente diferente, já alertava para "as doenças de um Estado que derivam do veneno das doutrinas sediciosas" (*Leviatã*, XXIX, trad., cit, p.273), considerando as igrejas e as universidades como dois dos maiores riscos para a estabilidade e apontando-as, por conseguinte, como um campo a vigiar (*ibidem*, cap. XXX, pp. 289-91).

Quanto à diferença entre mim e Hobbes, acerca da qual me interroga, ela consiste em que eu mantenho sempre intacto o direito natural e sustento que, em qualquer urbe, não compete ao supremo magistrado mais direito sobre os súditos senão na medida em que ele supera em poder o súbdito, coisa que tem sempre lugar no estado natural.[15]

Quer isto dizer, antes de mais, que para Espinosa o direito que cada um possui – governante ou governado, soberano ou súdito, estado ou indivíduo – não é mais nem menos que a sua potência ou capacidade de afirmar e realizar o que deseja. Na medida em que a natureza, sendo o todo, não conhece ordenação exterior nem limites de espécie alguma, também cada uma das suas partes não conhece senão os limites que as restantes lhe possam impor. A formulação do *TP* não deixa dúvidas:

> Por direito de natureza eu entendo as próprias leis da natureza, ou as regras segundo as quais todas as coisas são produzidas, quer dizer, a própria potência da natureza. É por isso que o direito natural da natureza inteira e, por conseguinte, o de cada indivíduo estende-se até onde se estende a sua potência.[16]

O direito natural não corresponde, pois, a nenhuma ordem cosmológica ou teológica previamente dada, à qual o relacionamento entre os indivíduos tivesse de submeter-se. Pelo mesmo motivo, uma postulação de direitos humanos universais, válidos perante qualquer situação concreta, como o direito à liberdade ou à igualdade, equivaleria sempre a formulações sem conteúdo. O direito de cada um é sempre uma resultante que se apura na prática

---

15. *Ep.* 50, G IV, 238-239. O termo "urbe", que traduzimos literalmente da versão latina da carta, aparece traduzido na versão holandesa por "Stat" (estado, cf. G IV, *ibidem*).

16. *TP*, II, 4, G III, 277.

e cujo valor oscila consoante a correlação de forças em presença. Tanto um indivíduo como um estado encontram-se mais ou menos sob a sua própria jurisdição conforme o grau de potência de que dispõem para impedir o estarem totalmente sob jurisdição alheia. Mesmo o soberano, a entidade que detém o chamado *summum jus*, está *de facto* condicionado, externamente, pela potência de outros estados e, internamente, pela maior ou menor estabilidade do jogo de forças continuamente travado entre as potências individuais dos súditos. Assim, em cada momento, o direito de quem detém o poder soberano equivale à capacidade que ele tem de se fazer obedecer no interior e temer no exterior do estado. A partir do momento em que algum dos súditos, isolado ou em grupo, alcança uma potência que seja suficiente para que ele se permita deixar de obedecer, o direito soberano cessou, isto é, mudou de mãos, a menos que se tenha desencadeado a total anarquia.

À primeira vista, o que Espinosa defende nesta matéria contraria frontalmente a tese de Hobbes no que respeita à natureza ontológica do direito, uma vez que lhe retira a condição de transcendência em relação ao agregado, para tornar viável a coexistência entre os indivíduos que o formam. Vista, porém, de um outro prisma, a política de Espinosa mais não faz que expurgar o hobbismo das suas contradições e levar às últimas consequências a ideia de que o direito e o estado só podem ser pensados a partir da potência que cada indivíduo detém na totalidade da natureza. Contra a tese hobbesiana de um direito supremo a tudo, acima da lei e dos costumes, no qual se concentraria definitivamente, após o contrato, a potência de todos os súditos, Espinosa observa que a potência individual não é transferível por nenhuma espécie de contrato, uma vez que ela constitui precisamente a essência dos seres vivos, a qual não é senão o *conatus*[17], o esforço de cada

---

17. *E*, III, prop. VII, G II, 146.

um para resistir tanto quanto possa ao que o pode destruir ou reduzir-lhe a liberdade. Considerar, com efeito, a potência como equivalente ao direito implica, em primeiro lugar, deixar de pensar os indivíduos como entidades previamente definidas, com uma razão de ser, um modo justo de atuar e uma finalidade ou destino, para os pensar como singularidades interdependentes que se esforçam por se libertar, tanto quanto possível, dos laços de dependência. Nesse sentido, Espinosa abandonará o binômio clássico direito-dever para o substituir, conforme observa Étienne Balibar[18], por um outro binômio de noções correlativas, a independência e a dependência, o estar ou não estar sob jurisdição de si próprio. Ora, o maior ou menor grau de independência de um ser não é um estatuto jurídico definido e garantido *a priori*, pelo contrário, estabelece-se na própria dinâmica constitutiva da natureza – a *substantia actuosa* –, o que faz com que o valor da potência de cada um varie continuamente, em função dos encontros ou confrontos que ele vai tendo com a infinidade dos outros seres. A cada instante, a potência, tanto a individual como a coletiva, aumenta ou diminui, e não existe nada que se dê no corpo ou na mente que não a afete, positiva ou negativamente. Por isso mesmo, o direito não pode representar-se como algo que revogue a natureza comum dos homens, em particular os afetos, da mesma forma que a soberania não pode considerar-se como algo de irreversível só porque remonta a um pacto celebrado entre todos e apontado pela razão como um operador de paz. Sem dúvida, em qualquer sociedade existem costumes e normas, que se destinam a contrariar o aleatório e a introduzir alguma previsibilidade no fluir das ações humanas. Mas a estabilidade alcançada por esses meios permanece intrinsecamente provisória, visto estar assente, em última instância, não na pura razão, mas nos afetos, sejam

---

18. Cf. *Spinoza et la politique*, Paris, PUF, 1985, p. 74.

estes de medo ou de esperança, pelos quais se orienta o comum dos indivíduos, enquanto só alguns, e nem sempre, se orientam pela razão. Os afetos, não por acaso, são o primeiro nome que aparece no *TP*[19].

Semelhante inserção do político numa ontologia imanentista leva, em primeiro lugar, a negá-lo como espaço imune à conflitualidade, tal como Hobbes o pretendera, um espaço de onde a violência estaria ausente porque ficara, mediante o pacto, concentrada toda numa pessoa, soberana e racionalmente legitimada, que do exterior do corpo social imporia as condições para a paz, ou seja, as normas de conduta. O político em Espinosa é, pelo contrário, ainda e sempre um modo da natureza, e, nessa medida, tanto o soberano como os súditos, tanto o estado como os diversos grupos que se constituem no seu interior afirmam a sua individualidade através da resistência a todos os que tentem subordiná-los à sua jurisdição. A atividade de cada ser constitui sempre um esforço de libertação, de redução da dependência.

Não quer dizer que a única situação imaginável entre os indivíduos seja a de conflito. Os indivíduos, da mesma forma que podem entrar em guerra e, com isso, aumentar conjuntamente a impotência, podem igualmente encontrar modos de cooperação mutuamente vantajosa, não universal nem definitivamente, mas em agregados mais ou menos ocasionais, formados por situações ou desafios comuns que geram afetos igualmente comuns, de medo ou de esperança, superando assim as divergências e anulando, tendencial e provisoriamente, a instabilidade nas relações. A natureza, ao tornar impossível a sobrevivência individual sem o apoio de ninguém, como que determina essa dinâmica a que poderíamos chamar de afinida-

....
19. No original latino, entenda-se, visto que, por óbvias constrições da sintaxe, o primeiro nome que aparece na tradução são "Os filósofos", sujeito da frase.

des[20], levando à formação de grupos, sejam estes de interesse ou de defesa, cada um dos quais se afirma na exata medida em que se impõe aos restantes e se diz, por isso, mais potente do que eles. É essa a única via por que pode realisticamente pensar-se a formação de qualquer estado como de qualquer tipo de agrupamento em que se deu uma confluência de potências individuais suficiente para suspender a conflitualidade. Longe de ser fruto de uma ruptura com a natureza, o estado forma-se no âmbito desta, mediante a dinâmica afetiva, ou passional, que associa ou põe em confronto os indivíduos. Por isso, em moldes mais embrionários ou mais desenvolvidos, o político intervém, desde sempre, na natureza, sendo a própria questão da sua gênese em boa parte ociosa. Por isso também, a essência do político é impossível de confundir com uma qualquer moldura racional de onde e no interior da qual as normas de conduta fossem deduzidas, de modo a imporem-se como condição necessária e legítima da paz e da estabilidade. Os últimos fundamentos de um estado ou de qualquer ordenamento jurídico não estão jamais isentos da contingência e do aleatório que lastram a ação humana, não passando as construções políticas alegadamente fundadas numa razão indiscutível de simples máscaras que ocultam a verdadeira natureza do poder. Na medida em que é gerado na passionalidade pela qual os homens se movem comumente, o estado espinosano afasta-se não só de Hobbes, mas de todas as variantes do modelo construtivista por este inaugurado. Um afeto, como se diz na *Ética*, não é jamais erradicado pela razão.

Um afeto pode, porém, ser erradicado por um outro afeto, desde que este seja contrário e mais potente[21]. Assim,

---

20. David Hume teorizará repetidamente este mesmo operador de comunidade sob o nome de *sympathy* (*The Human Nature*, II, 2, 5 e 12; III, 3, 2), tal como Adam Smith, que lhe dedica o primeiro capítulo de *The Theory of Moral Sentiments*.

21. *E*, IV, prop. VII, G II, 214.

o afeto comum, que se gera no interior de uma determinada multiplicidade de indivíduos e do qual surge um certo grau de estabilidade no respectivo inter-relacionamento, só é eficaz enquanto for superior à diversidade de afetos individuais e grupais que conspiram contra ele e fomentam a divisão. Daí que a estabilidade traduza sempre um equilíbrio que é necessário renovar permanentemente, através de todos os meios que façam com que os afetos que a mantêm prevaleçam sobre aqueles que a ameaçam. A política, em última análise, consiste nesse trabalho de produção-reprodução da estabilidade, que o mesmo é dizer de preservação de um determinado estado ou situação, sendo que esse trabalho não tem lugar somente numa instância específica – o soberano, o aparelho de estado, o partido, etc. –, mas na totalidade de um conjunto de indivíduos que, apesar das divergências e conflitos que entre eles persistem, possibilitam a formação e sobrevivência de uma potência comum.

Esta potência diz-se comum, repare-se, não porque tenha na origem uma unanimidade das vontades individuais, ou sequer da sua maior parte, mas por congregar em si força bastante para se impor comumente a todos e a cada um daqueles que, por isso mesmo, se chamam seus subordinados ou súditos. Em teoria, essa potência poderá estar nas mãos de apenas um indivíduo, que inspira nos restantes o medo bastante para lhe obedecerem. Na realidade, porém, tal situação revela-se impossível, pois a potência de alguém, por mais forte, não chega para reinar, se não dispuser de uma rede de cumplicidades. Um tirano precisa de ter cortesãos interessados em manter o lugar que ocupam na pirâmide do poder, da mesma forma que precisa de manter os súditos no medo, um afeto que os coloca animicamente sob a jurisdição régia e, acima de tudo, lhes reduz a vontade de libertação individual. A potência comum é sempre a soma de toda esta multiplicidade de potências e impotências individuais. Por isso, quanto mais livre for cada um dos indivíduos que se congregam na potência comum, mais potente esta será. A melhor forma de um estado sobreviver e aumentar a sua potência é preservar a potência dos súditos, garantindo-lhes individualmente o máximo de liberdade compatível com a prossecução do laço comum: "o verdadeiro fim da república é, de fato, a liberdade"[22].

A potência da multidão

A conjugação das potências individuais exprime-se num direito comum, ou seja, no ordenamento jurídico através do qual a "comunidade" assim constituída determina a potência de cada um, ou seja, aquilo que ele pode, ou não, dizer e fazer. Na verdade, cada indivíduo, podendo embora pelo direito natural dizer, fazer e possuir tudo o que quiser, "não tem realmente sobre a natureza nenhum direito para além daquele que o direito comum lhe concede"[23]. A emergência do político reside precisamente nessa fundação de uma ordem ou direito que, por sua vez, não é senão a emergência de uma potência que se impõe a cada um. Hobbes concebera essa ordem como entidade artificial, um *deus ex machina* saído do contrato para salvar os homens da luta suicidária que naturalmente os opõe uns aos outros. Espinosa, por sua vez, identifica-o tão-só como a resultante das potências e impotências individuais de quantos constituem uma potência coletiva. Leia-se a conhecida definição do estado:

> Este direito que se define pela potência da multidão costuma chamar-se estado. E detém-no absolutamente quem, por consenso comum, tem a incumbência da república, ou

---

22. *TTP*, cap. XX, G III, 241, trad., cit., p. 385.
23. *TP*, II, 16, G III, 281.

seja, de estatuir, interpretar e abolir direitos, fortificar as urbes, decidir sobre a guerra e a paz, etc. E se esta incumbência pertencer a um conselho que é composto pela multidão comum, então o estado chama-se democracia; mas se for composto só por alguns eleitos, chama-se aristocracia; e se, finalmente, a incumbência da república e, por conseguinte, o estado estiver nas mãos de um só, então chama-se monarquia.[24]

Antes de ser monárquico ou democrático, o estado é, pois, um direito comum, o qual, por sua vez, exprime a potência de uma multidão.

A multidão é uma palavra que irrompe, algo inesperada mas avassaladoramente, nas páginas do *TP*. Até aí, ela comparecera, por junto, somente umas 14 vezes sob a pena de Espinosa, estando, inclusive, completamente ausente da *Ética*. Pelo contrário, no último tratado, que é um dos mais breves textos do autor, a palavra encontra-se algumas dezenas de vezes[25]. Perante uma tão grande desproporção entre o número de ocorrências da multidão no *TP* e a sua raridade em toda a restante obra, somos levados a crer que ela não resulta de mero acaso.

Uma tal convicção, para não dizer certeza, de que há razões especiais para que Espinosa faça no *TP* um tão largo uso do conceito de multidão reforça-se ainda mais quando passamos do plano da frequência ao plano do significado. Na realidade, em qualquer dos textos anteriores, a palavra surgia em contextos e com significação bastante distintos do que vemos no *TP*, ora indicando, em registro matemático, um certo número de indivíduos ou coisas, ora figurando, em registro político, como sinónimo de vulgo, turba ou plebe, com todas as características ne-

---

24. *TP*, II, 17, G III, 282.
25. Cf. Riccardo Caporali, *La fabrica dell'Imperium. Saggio su Spinoza*, Napoli, Liguori Editore, 2000, p. 154.

gativas que a literatura filosófica, em geral, sempre atribuiu a qualquer destes termos.

O primeiro dos significados é visível nas três cartas (*Ep.* 12, 34 e 81) em que a palavra é usada. Na última delas, por exemplo, que é por sinal aquela em que mais ocorrências se verificam – cinco, numa carta que tem somente um parágrafo de 15 linhas na edição Gebhardt –, diz-se, a respeito do infinito, que

> (...) a infinidade das partes não se conclui da sua multidão, visto que, se ela se concluísse da sua multidão, não poderíamos conceber uma multidão maior de partes, o que é falso, uma vez que, na totalidade do espaço entre dois círculos não concêntricos, concebemos uma multidão duas vezes maior de partes do que em metade desse espaço. E, contudo, o número de partes, tanto da totalidade do espaço como da sua metade, é maior que qualquer número dado.[26]

A multidão é, por conseguinte, neste contexto, um outro nome para designar uma certa multiplicidade de elementos, um número grande mas impreciso e limitado – pode-se sempre conceber uma multidão maior –, razão pela qual ela não se confunde com o infinito nem serve para o definir. A multidão não serve, aliás, para definir nem o infinito nem o finito, visto que ela não pertence à essência de coisa nenhuma. Tal como Espinosa observa na carta 12, de uma multidão de círculos, por maior que ela seja, nunca se faz um quadrado ou um triângulo[27]. A multidão conota sempre uma distância em relação à perfeição das essências ou formas: não correspondendo a nada de substantivo, ela é um mero auxiliar que permite à imaginação apreender a substância, os seus atributos e modos.

A esta distância, que vai no plano matemático da multidão à exatidão de um número certo e à perfeição das formas, corresponde no plano social e político o rol de im-

---
26. *Ep.* 81, G IV, 332.
27. *Ep.* 12, G IV, 55.

perfeições e vícios que tradicionalmente lhe são imputados. A multidão surge aqui como uma parte do todo social, a parte mais desqualificada com que o poder tem que lidar e cuja inconstância terá de ser dominada para que o agregado viva em paz. Justo Lípsio, por exemplo, discorrendo indiscriminadamente sobre a multidão, o "humor do povo" e a "natureza do vulgo", acumula, como é seu costume, citações de autores antigos – Cícero, Tácito, Tito Lívio ou Sêneca –, fazendo coro com todos eles na atribuição ao povo de epítetos nem sempre coerentes uns com os outros, ainda que sempre depreciativos. O povo, na opinião de Lípsio, é:

> a) inconstante: nada há de mais incerto que ele. Na multidão está a variedade, e é tão frequente a mudança dos pareceres e opiniões como a das tempestades é. Com a mesma facilidade com que se afeiçoa assim abandona os afetos (...). Não há coisa mais fácil que mudar e transferir o povo para qualquer afeto.
> b) estúpido: não é capaz de razão: não há no vulgo juízo nem verdade. (...) Fala de muitas coisas por opinião, e de poucas com fundamento de verdade.
> c) invejoso: por sua natureza é invejoso, olhando com olhos doentios e doridos as felicidades alheias.
> d) desconfiado: é também muito inclinado a suspeitas o vil e baixo povo, tendo por uso e costume oprimir o acusado, ainda que este seja alvo de testemunhos e falsidades.
> e) favorece os fogosos: junto dele a modéstia é tida por uma espécie de encolhimento e cobardia;
> f) desbocado: é feroz pela língua e, de sua natural condição, desbocado, mas tudo acaba por ficar em palavras, sem ter ousadia para passar adiante.
> g) turbulento: em não receando poder e forças, é turbulento e atrevido.[28]

---

28. Cf. Justo Lípsio, *Politicorum sive civilis doctrina libri sex, qui ad principatum maxime spectant*, Livro IV, cap.V, Leiden, 1589 (*Políticas,* trad. de Bernardino Mendoza, estudio preliminar y notas de Javier Peña Echeverria y Modesto Santos Lopez, Barcelona, Tecnos, 1997, pp. 113-7).

No contexto do *TTP*, Espinosa continua a fazer-se ainda eco de todos estes clichês, em qualquer das vezes que utiliza a palavra multidão: ela é, ora "supersticiosa"[29], ora de "índole mutável"[30], ora mesmo "feroz"[31]. A multidão não se distingue tampouco de qualquer um dos outros termos comumente apresentados como sinônimos, a saber, o vulgo, a plebe, a turba e o povo. Na última das passagens citadas, por exemplo, afirma-se que a multidão é inflamada pelos fariseus contra os homens virtuosos. Duas linhas antes, diz-se que estes são odiados pela plebe. Não há aqui, por conseguinte, nenhuma diferença de significado entre um e outro nome, tratando-se manifestamente de um recurso estilístico destinado a evitar a repetição do mesmo vocábulo na mesma frase. Em resumo, poderíamos concluir que no *TTP* a palavra multidão aparece raramente e sempre com o significado não de sujeito de ação ou de direito, mas de *subiectum*, matéria indiscriminada e informe à qual só a soberania poderá conferir uma figura, ordenando-a e contendo a sua turbulência no interior de certos limites. Ao invés, no *TP*, ela vai aparecer como sujeito da potência pela qual se define o estado, ao mesmo tempo que deixa de ser entendida como parte de um todo para passar a identificar-se com esse todo, a tal ponto que a sua potência se entende como exprimindo exatamente a potência e, por conseguinte, o direito do *imperium*.

Qual a origem desta reviravolta, que leva Espinosa a dotar a palavra multidão de uma carga semântica que ele próprio até então ignorara, transformando-a num conceito integralmente novo no âmbito do pensamento jurídico-político? Provavelmente, nunca teremos uma resposta satisfatória. Podemos no entanto supor algumas razões, a mais adequada será porventura a coerência do próprio sis-

---

29. *TTP*, Prefácio, G III, 6 e 7, trad., cit., p. 126.
30. *TTP*, XVIII, G III, 203, trad., cit., p. 341.
31. *TTP*, XVIII, G III, 225, trad., cit., p. 367.

tema do autor e a necessidade, naturalmente sentida por Espinosa e desde há muito referida pelos intérpretes, de conciliar a sua política com a sua ontologia. Manifestamente, o pacto, tal como é concebido por Hobbes e colocado na base da sua doutrina política, não se coaduna com a ontologia espinosana. Porém a necessidade de coerência, ou aquilo que em outro contexto eu próprio apelidei de "vontade de sistema", só por si, não origina soluções para os obstáculos com que uma doutrina depara no seu desenvolvimento. Mesmo quando as soluções surgem como que extraídas de proposições anteriores e se integram num plano que poderíamos designar por arquitetura ideal, elas são também frequentemente motivadas, senão inspiradas, a partir do exterior. Ora, no caso da multidão, se bem que a literatura filosófica de Seiscentos e, inclusive, a maior parte da bibliografia posterior sejam, conforme vimos, completamente alheias ao significado com que ela aparecerá no *TP*, há pelo menos dois antecedentes históricos que, sem coincidir com o Espinosa do *TP*, já haviam reelaborado profundamente o significado mais frequente da palavra. Refiro-me a Nicolau Maquiavel e ao próprio Hobbes[32], que ao teorizar no seu livro *De Cive* a diferença entre povo e multidão delimita, por assim dizer, o campo no interior do qual e contra o qual Espinosa irá erguer a última versão da sua filosofia política.

É sabido que Hobbes era já um autor bastante lido e traduzido na Holanda da segunda metade do século XVII, especialmente durante as duas décadas em que os irmãos de Witt, afastada a Casa de Orange, estiveram à frente dos destinos da República. O *Leviatã*, cujo original inglês data de 1651, é traduzido para o holandês em 1667, um ano antes

....
32. Cf. Filippo del Lucchese, *Tumulti e Indignatio, Conflitto, diritto e moltitudine in Machiavelli e Spinoza*, Milano, Edizioni Ghibli, 2004, pp. 319-58; D. P. Aurélio, *Imaginação e Poder, Estudo sobre a Filosofia Política de Espinosa*, cit., pp. 129-38, *passim*.

de aparecer a versão latina. O *De Cive*, editado a primeira vez em 1647, conheceu na Holanda a maior divulgação e, ao mesmo tempo, as mais violentas críticas dos meios calvinistas[33]. Espinosa possuía um exemplar desta última obra na sua biblioteca. Seria difícil, por conseguinte, senão impossível, ignorar algumas das formulações mais incisivas do autor inglês, sobretudo quando elas iam de encontro a problemas com que ele próprio, nesse momento, se debate na elaboração da sua doutrina política. Ora, Thomas Hobbes tinha referido no *De Cive* a questão da multidão em termos bastante incisivos e, sobretudo, originais:

> Constitui um grande perigo para o governo civil, em especial o monárquico, que não se faça suficiente distinção entre o que é um povo e o que é uma multidão. O povo é uno, tendo uma só vontade, e a ele pode atribuir-se uma ação; mas nada disso se pode dizer de uma multidão. Em qualquer governo, é o povo quem governa. Pois até nas monarquias é o povo quem manda (porque nesse caso o povo diz a sua vontade através da vontade de um só homem, ao passo que a multidão é o mesmo que os cidadãos, isto é, os súditos. Numa democracia e numa aristocracia, os cidadãos são a multidão, mas o povo é a assembléia governante. E numa monarquia, os súditos são a multidão e (embora pareça um paradoxo) o rei é o povo.[34]

....
33. Sobre a recepção de Hobbes na Holanda, cf. Eco O. G. Haitsma Mulier, *The Mith of Venice and Dutch Republican Thought in the Seventeenth Century*, Assen, Van Gorcum, 1980, pp. 120-35; Catherine Secrétan, "Partisans et détracteurs de Hobbes dans les Provinces Unis du temps de Spinoza", *Bulletin de l'Association des Amis de Spinoza*, 2 (1979), pp. 2-13; idem, "La reception de Hobbes aux Pays-Bas au XVIIe Siècle", *Studia Spinozana*, 3 (1987); idem, "Premières réactions néerlandaises à Hobbes au XVIIe Siècle", *Annales d'Histoire des Facultés de Droit*, 3 (1986), pp. 137-65.

34. Hobbes, *De Cive*, XII, 8, *Opera Philosophica quae in latine scripsit*, ed. G. Molesworth (1839), vol. II, 2.ª reimpr. Darmstad, Scientia Verlag Aalen, 1966, p. 291, trad. de Renato Janine Ribeiro, *Do Cidadão*, São Paulo, Martins Fontes, 1998, pp. 189-90.

A uma primeira leitura, poderia pensar-se que Hobbes está a usar o vocábulo com uma significação semelhante à tradicional. De fato, a multidão é aqui tomada como o conjunto dos cidadãos enquanto súditos. Ela não é una, pelo contrário, é essencialmente plural; não tem uma vontade, porque a vontade é faculdade da pessoa individual e a multidão envolve múltiplos indivíduos; não se lhe pode, consequentemente, atribuir uma ação, visto que, não possuindo vontade, também não é imputável. O que permite que essa multidão se considere um conjunto é o fato de todos os seus elementos possuírem a condição de súditos, e súditos de um mesmo soberano. Conforme o autor escreverá depois no *Leviatã*, é o soberano que unifica a multidão e não a multidão que unifica o soberano[35]. Existe porém aqui uma diferença notável relativamente à concepção tradicional: é que o soberano, que unifica a multidão e a transforma em povo, não surge do exterior, como representante de Deus ou como alguém hereditariamente legitimado. O soberano é inerente ao povo, ou melhor, é o próprio povo: em qualquer governo, é o povo quem governa. E quem é o povo? O povo é o conjunto dos indivíduos enquanto soberano. Empiricamente, o que há é um mesmo conjunto de indivíduos que para efeitos políticos se toma como se fora um Janus bifronte: numa das suas faces, vê-se a multidão de súditos; na outra, vê-se o povo

....

35. "Uma multidão de homens é transformada em *uma* pessoa quando é representada por um só homem ou pessoa, de maneira que tal seja feito com o consentimento de cada um dos que constituem essa multidão. Porque é a *unidade* do representante, e não a *unidade* do representado, que faz que a pessoa seja *una*." Hobbes, *Leviatã*, XVI, trad., cit., p. 141. No mesmo sentido, Sieyes escreverá, em vésperas da Revolução Francesa: "(...) o poder pertence ao público. As vontades individuais são sempre a sua origem e formam os seus elementos essenciais; consideradas, porém, separadamente, o seu poder seria nulo. Este não reside senão no conjunto. É preciso à comunidade uma vontade comum; sem a unidade de vontade, ela não chegaria a constituir um todo que quer e que age". Emmanuel Sieyes, *Qu'est-ce que le Tiers État?*, Paris, PUF, 1989, p. 66.

soberano, em corpo e pessoa de rei. De que modo será possível pensar uma tal bicefalia, que implica, do ponto de vista jurídico, uma dualidade de essências na mesma matéria? Unicamente através de um conceito, já antigo mas que Hobbes altera: o conceito de representação. Sem a representação, sem essa ficção jurídica através da qual, aos olhos de Hobbes, se funda a política, as vontades dispersas que são a multidão não poderiam metamorfosear-se e ressurgir transfiguradas como um povo, assumindo uma vontade soberana na pessoa do rei ou de qualquer outro poder soberano. Para Hobbes, o povo significa o poder, a multidão significa a obediência. Não se trata, convém notar, de nenhuma mudança ontológica em que a multidão, com os seus interesses e conflitos antagônicos, se transformasse em povo, dotando-se de uma vontade una mediante a conversão interior dos súditos à idéia de cidadania e de defesa do que lhes é comum. Entre *cada um* e *cada um* dos signatários do pacto não passou a haver uma comunidade, uma concertação ditada pelos afetos: há somente um cálculo racional, uma operação que cria, literalmente, a pessoa do estado a partir do caos que é e continua sendo a multidão. E se é verdade, conforme diz Hobbes logo a seguir, que "há muitos que, a pretexto do povo, excitam os cidadãos contra o estado, ou seja, a multidão contra o povo"[36], porque não sabem distinguir o povo da multidão, também é verdade que o povo, *de facto,* não passa de uma personagem, uma máscara da multidão na cena jurídico-política.

Em realidade, o que Hobbes sustenta, de uma forma inusitada mas explícita, é já a natureza geneticamente democrática do poder. Do ponto de vista da razão, ninguém pode chamar a si a titularidade da soberania. Esta permanece, portanto, no *dêmos*, na multiplicidade não hierarquizada de indivíduos. Em si mesma, a natureza não os-

---

36. *De Cive*, XII, 8, cit., p. 291, trad., cit., p. 190.

tenta nenhum sinal de diferença que justifique o direito de alguém a ter poder sobre os demais. Inclusive a diferença de força, a superioridade física de uns sobre os outros, que obviamente existe na natureza, nunca é suficiente para que alguém reclame e tenha de fato a soberania, pois ninguém está completamente a salvo de eventual conspiração e ataque dos mais fracos, tanto no plano dos indivíduos como no plano dos estados. É certo que o *dêmos*, a multidão indiscriminada, não é uma pessoa e não pode ser sujeito de direito, ou seja, autor da lei, tornando-se por isso necessária a sua personalização através do contrato social. Mas a figura soberana que vai resultar do contrato, enquanto portadora do direito a enunciar a lei, não se confunde com a figura física do rei ou dos membros de uma assembleia, visto que também não existiria uma razão para que alguma destas figuras, por si mesma, detivesse o poder. Se elas realmente o detêm, é unicamente porque representam e são, de um ponto de vista jurídico, o rosto que o povo se oferece a si mesmo para constituir o direito comum. É nesse sentido que Hobbes afirma que o rei é o povo.

Porém o rei, ou qualquer assembleia de representantes, só pode ser o povo se entendermos este como negação da multidão. Caso contrário, prosseguiria o estado de natureza e a ausência de organização política. O povo, na teoria hobbesiana, é a multidão sem multiplicidade, o uno que subsume a diferença e o conflito numa vontade que é, ao mesmo tempo, palavra e espada (*word* e *sword*). Afastando-se do platonismo, que associava o poder soberano a uma instância colocada no exterior do agregado para domesticar a multidão, qual pastor que conduz o rebanho, Hobbes reencontra, assim, o platonismo, ao associar também ele o político à neutralização da desordem passional e a uma elisão da conflitualidade. É esta idealização do direito que Espinosa rejeita. Reconhecendo, com Hobbes, que a natureza do poder é geneticamente democrática, Espinosa nega a possibilidade de alguma vez se poder pensar um abandono do estado de natureza sem se cair na utopia, ainda que fosse a utopia jurídica que se insinua no texto de Hobbes[37]. A política faz-se com a natureza efetiva dos homens, com as suas razões e afetos, e estes não são suscetíveis de serem rasurados. Pelo contrário, eles são sempre a essência de todo e qualquer *imperium*, de toda e qualquer *res publica*.

A discordância de Espinosa em relação a Hobbes consiste, pois, numa diferente valoração, em sede política, da multidão. O autor do *De Cive*, à semelhança de praticamente toda a tradição ocidental, considera-a por definição incapaz de produzir o direito comum, a segurança e a paz. Espinosa, por seu turno, ao afirmar que o estado civil ou político é a continuação do estado de natureza, está a considerar a multidão – em si mesma, sem a metamorfose contratualista e mantendo na íntegra a sua carga intrinsecamente contraditória de razões e paixões – como capaz de configurar uma comunidade politicamente organizada. Por esta razão, enquanto Hobbes, como vimos, concluía que o rei, ou seja, o estado, é o povo, Espinosa irá concluir que o direito do estado se define pela potência da multidão.

Subjacente a esta diferença entre o conceito de multidão segundo Hobbes e aquele que Espinosa introduz no *TP* está claramente, como aliás em outras matérias tratadas no *TP*, a crítica feita por Maquiavel ao significado atribuído pela tradição aos conceitos de *moltitudine* e de *populo*. A proximidade que existe entre alguns parágrafos do florentino e o *TP* não permite dúvidas a tal respeito.

Maquiavel foi o primeiro e, durante séculos, o único autor que pôs em causa a imagem negativa vulgarmente associada à multidão. Maquiavel sabe inclusive quanto a mudança, ou melhor, a recuperação que vai fazer do ter-

---

37. Cf. *Ep.* 50, e *TTP*, Anotação XXXIII, G III, 263.

mo, é escandalosa, e menciona explicitamente a consciência que tem da ruptura com o pensamento clássico e com o senso comum, ao qualificar positivamente a multidão anônima e desclassificada do povo. Assim, por exemplo, no *Príncipe*, ao considerar o povo como um fundamento mais seguro para o estado do que são os *grandi*, começa por recordar que existe um provérbio contra o qual vai falar: "quem funda sobre o povo funda sobre o lodo"[38]. Da mesma forma, antes de desenvolver este mesmo assunto ao longo de todo o capítulo 58 do Livro I dos *Discorsi*, intitulado "A multidão é mais sábia e mais constante que um príncipe", Maquiavel refere, logo a princípio, que "o nosso Tito Lívio, tal como todos os outros historiadores, afirmam que nenhuma coisa é mais vã e inconstante que a multidão", acrescentando a seguir que vai defender "uma coisa que é condenada por todos os escritores"[39]. Por seu turno, Espinosa, ao comentar o mesmo tópico de Tito Lívio – o que em si mesmo constitui já uma prova da influência do florentino –, irá igualmente sublinhar a natureza insólita daquilo que afirma:

> Talvez isto que escrevemos dê vontade de rir àqueles que restringem só à plebe vícios que são inerentes a todos os mortais.[40]

Em Maquiavel, convém notar, não existe uma distinção entre *moltitudine* e *populo* do tipo da que comentamos em Hobbes. No citado capítulo dos *Discorsi* ambas as palavras surgem como sinônimas, a significar um conjunto variado,

---

38. *Il Principe*, IX, *Opere*, I, a cura di Corrado Vivanti, Torino, Einaudi-Gallimard, p. 145.
39. *Discorsi*, I, 58, *Opere*, I, cit., pp. 315-6.
40. *TP*, VII, 27, G III, 313. As teses contra as quais Espinosa se insurge neste parágrafo são retiradas quase textualmente das palavras de Tito Lívio, XXIV, 25, 8: "que o vulgo não tem meio-termo, ou tem medo ou é terrível, e que a plebe ou serve humildemente ou manda sobranceiramente".

inconstante e mutável de indivíduos que ora detem o poder e se diz que é "príncipe", como ocorre numa república, ora se encontra sob um poder unipessoal que o dirige e domina, como ocorre num principado. Ou seja, do ponto de vista político, a multidão ou governa ou é governada. O pensamento político anterior, como se confirma por Tito Lívio, acreditava em geral que a inconstância da multidão faz com que seja perigoso ela governar. É contra esta ideia que Maquiavel irá enunciar a seguinte tese:

> Digo, pois, que daquele defeito de que os escritores acusam a multidão se podem acusar todos os homens, em particular e maximamente os príncipes. Porque todo aquele que não esteja regrado pelas leis fará os mesmos erros que a multidão solta.[41]

Em teoria, portanto, o príncipe e a multidão equivalem-se: o poder não está a salvo da instabilidade e da inconstância, nem com os principados, nem com os governos populares. Basta ver a história, que dá exemplos abundantes de príncipes maus e multidões boas. Enquanto a república romana permaneceu incorruptível, o povo jamais "serviu humildemente e mandou soberbamente". Pelo contrário, entre os imperadores e entre os outros tiranos e príncipes, vê-se

> tanta inconstância e tanta variação de vida como jamais se encontrou em alguma multidão.[42]

Como se explica, então, a crença veiculada pela tradição e repetida pelos historiadores a respeito de um alegado defeito congênito do governo da multidão? Maquiavel, quase no final do capítulo que vimos comentando, aponta uma razão de ordem pragmática para semelhante opinião ou preconceito:

....
41. *Discorsi*, I, 58, cit., p. 316.
42. *Ibidem*, p. 317.

Dos povos, qualquer um diz mal sem medo e livremente, mesmo quando eles reinam; dos príncipes, fala-se sempre com mil pavores e mil receios.[43]

Não é, porém, somente o maior ou menor receio a causa da opinião que sempre se propagou sobre a multidão. Na sua raiz encontra-se também um artifício retórico, que consiste em comparar o que não é comparável, atribuindo aos príncipes aquilo que somente se verifica nos príncipes sujeitos à lei, e atribuindo pelo contrário a toda e qualquer multidão o que somente se verifica na multidão "solta", na multidão não submetida à lei:

> Aquilo que o nosso historiador diz da natureza da multidão, não diz daquela que é regulada pelas leis, como era a romana, mas da solta, como era a siracusana, a qual fez aqueles erros que fazem os homens enfurecidos e soltos (…). Porém, a natureza das multidões não é de inculpar mais que a dos príncipes, pois todos erram igualmente, quando todos sem temor podem errar.[44]

Toda a estratégia argumentativa de Maquiavel contra Tito Lívio e a opinião comum, ao longo do capítulo, consistirá em comparar a multidão "solta" com o príncipe "solto" das leis, imaginando, portanto, ambos no estado de necessidade, ou seja, num estado de natureza, para concluir que tanto a multidão como o príncipe, se estiverem soltos das leis (*soluti legibus*), cometem erros e são inconstantes. É, por conseguinte, falsa a suposta superioridade do príncipe em relação à multidão. Mas serão eles, ao menos, equivalentes? Maquiavel dá ainda mais um passo e nega uma tal equivalência. Com efeito, a capacidade do príncipe para manter o bom governo não só não é idêntica à do povo como lhe é inferior. A tese sustentada por

---
43. *Ibidem*, p. 320.
44. *Ibidem*, p. 317.

Maquiavel inverte completamente a crença comum e o preconceito que existe contra a multidão, ao afirmar que, seja sob o império da lei, seja à margem da lei, o governo do povo tem potencialidades para ser superior ao governo do príncipe. Diz o autor:

> Se pensarmos num príncipe obrigado às leis e num povo acorrentado a elas, ver-se-á mais virtude no povo do que no príncipe; se pensarmos num e noutro soltos, ver-se-á menos erros no povo do que no príncipe, e os erros daquele serão menores e terão maiores remédios.[45]

Os argumentos em favor desta tese são extraídos daquilo que Espinosa designará por "experiência vaga" ou "certeza moral". Não é sem motivo, observa inclusive Maquiavel, que existe o provérbio *vox populi, vox Dei*. Na realidade,

a) os prognósticos da *opinione universale* são geralmente acertados, como se viessem de uma *oculta virtù*;
b) entre duas opiniões diferentes, apresentadas por dois oradores de igual qualidade, o povo escolhe habitualmente a melhor;
c) o povo, ao eleger magistrados, faz melhores escolhas do que faz o príncipe;
d) o povo mantém por muito tempo as opiniões bem arraigadas, ao contrário dos príncipes;
e) as cidades com governos populares desenvolvem-se mais rapidamente.

A isto acresce a diferente gravidade das consequências de um mau principado e de um mau governo popular. Com efeito,

f) a um mau governo popular, é fácil haver um "homem bom" que possa falar e o corrija; aos príncipes nin-

---
45. *Ibidem*, p. 319.

guém pode falar, não havendo outro remédio senão assassiná-los;

g) num governo popular *legibus solutus*, não se teme o mal presente mas a desordem e a tirania que se lhe seguem no futuro; num principado sem lei, teme-se o presente e espera-se a liberdade no futuro;

h) a crueldade da multidão é contra aqueles que ela teme que se apropriem do bem comum; a do príncipe é contra quem ele teme que se aproprie do seu próprio bem.[46]

Todos estes exemplos, que fazem parte da experiência comum, revelam que existe uma virtude intrínseca da multiplicidade que é independente das virtudes de cada um dos cidadãos. Na verdade, não só o preconceito corrente sobre a multidão é falso como a ideia de político por ele veiculada está intrinsecamente equivocada. Sustentar a vantagem natural do governo unipessoal, por este ser alegadamente menos inconstante, é ignorar a variedade da natureza humana e a contingência intrínseca do político. Como se pode verificar em sucessivas passagens do *Príncipe*, o grande problema da monarquia é precisamente a incapacidade que os reis têm de mudar e de se adaptar à variedade dos tempos. Porque, sempre que a fortuna muda, o rei tem de mudar o seu pendor e o seu modo de proceder. Desse modo, a pessoa real está obrigada a encarnar em si própria a multiplicidade, a ser ora boa, ora má, ora leão, ora raposa, multiplicando-se para não ser reduzida ao nada. Esse desafio que é o desdobrar-se em sucessivas identidades, o *outrar-se*, como diria Fernando Pessoa, encontra-se por definição atenuado nas repúblicas:

> Uma república tem mais vida e tem boa fortuna por mais longo tempo que um principado. Porque ela pode melhor acomodar-se à diversidade dos cidadãos que estão nela do que pode um príncipe. Porque um homem que

---

46. Cf. *Discorsi*, I, 38, cit., pp. 319-20.

esteja acostumado a proceder de um modo não se muda nunca, conforme eu disse, e necessariamente, quando os tempos se tornam inadequados àquele seu modo, ele cai na ruína.[47]

À primeira vista, dir-se-ia haver em toda esta cópia de argumentos uma simples defesa da república ou governo popular. Contudo, o texto de Maquiavel é mais sofisticado e tem mais nuances. Decerto, no capítulo 58, refuta-se a crença comum na impotência da multidão para governar, mostrando que ela é superior em muitos aspectos. Porém, a república não é superior em tudo. Porque, se o governo do povo é preferível a manter as leis e a ordem estabelecida, os príncipes são melhores a instituir novas ordens e a fundar impérios. Já antes, Maquiavel asseverara que jamais, ou muito raramente, ocorre um estado *tutto nuovo* – principado ou república – não ser ordenado por um só[48]. E, mesmo quando o autor enumera depois os vários aspectos em que as repúblicas são preferíveis, ressalva essa virtude unipessoal que se revela nos gestos fundacionais:

> E se os príncipes são superiores aos povos a ordenar leis, formar vidas civis, ordenar estatutos e ordens novas, os povos são tão superiores a manter as coisas ordenadas que, sem dúvida, fazem aumentar a glória daqueles que as ordenam.[49]

Uma justa interpretação do texto deve, por conseguinte, reter as duas funções inerentes ao político: de um lado, o governo do povo é mais prudente e os seus erros possuem consequências menos graves que um governo monárquico; por outro lado, uma ordem política não pode ser

....
47. *Discorsi*, III, 9, cit., p. 449. Cf. a mesma ideia no *Príncipe*, V, cit., p. 130.
48. *Discorsi*, I, 9, cit., p. 223.
49. *Discorsi*, I, 58, cit., p. 319.

fundada, um ordenamento jurídico não pode ser estruturado, um povo não pode dotar-se de instituições novas sem a mediação de um líder. As virtudes da multidão conhecem, portanto, um limite. Na raiz do bom governo, que ela exerce melhor do que o príncipe, está a marca de uma vontade única, uma inteligência, um engenho, algo que produza o que a multiplicidade, a prudência e a sageza da *vox populi* é incapaz de produzir: a criação de um estado, seja ele monárquico ou democrático, e bem assim o eco que desse gesto fundador se repercute em cada ato genuinamente político. O *arkhé*, segundo Maquiavel, é apanágio de uma vontade singular, capaz de reduzir a multiplicidade de opiniões e intenções ao uno que transparece numa constituição ou numa simples lei.

Estes dois lados da política – fundação e governo – vão igualmente aparecer em Hobbes, porém de uma forma exatamente oposta: a fundação, o *fiat* criador do estado, só a multidão o pode pronunciar, no momento em que realiza o pacto. Pelo contrário, a manutenção do poder e o exercício do governo são apanágio do soberano, cuja pessoa torna possível a unidade do comando. Não é por isso de admirar se o capítulo XIX do *Leviatã* desenvolve uma estratégia argumentativa que é simétrica à do capítulo 58 do Livro I dos *Discorsi*. Em vez das virtudes que Maquiavel descobre na variedade e na multiplicidade, Hobbes aponta unicamente os seus inconvenientes. Diz o autor inglês que tanto em democracia como em aristocracia o interesse pessoal dos governantes não coincide com o interesse público, contrariamente ao que acontece na monarquia; que uma assembleia não pode colher pareceres em segredo, "devido à sua própria multidão"; que a monarquia está certamente sujeita à inconstância natural do soberano, porém nas assembleias, além da inconstância natural, existe a inconstância do número, posto que a ausência de alguns membros permite alterar decisões anteriores; que um monarca não pode discordar de si mesmo, mas uma assembleia pode, ocasionando por vezes a guerra civil[50]; etc. etc. etc. Hobbes retoma, por conseguinte, a opinião tradicional, que não crê ser possível a multidão enunciar uma ordem e manter coerentemente uma política, ainda que a política, em si mesma, só possa constituir-se de uma forma racional e justa a partir da universalidade dos indivíduos que formam um agregado.

Voltemos agora a Espinosa, após esta digressão que foi longa, se bem que necessária para identificar a reflexão e a polêmica que precederam o reconhecimento de uma equivalência entre direito comum e potência da multidão. Para o autor do *TP*, a tese hobbesiana é irrefutável quando considera que a fundação de tipo maquiavélico, levada a cabo por um só indivíduo, releva da violência e da apropriação do direito comum por um chefe, não podendo à luz da razão dizer-se justa. Na origem do poder e do político, está sempre a multidão. Porém, a multidão não desaparece, como que por artes mágicas, através de um contrato. Logo no início do capítulo XVII do *TTP*, afirma-se a impossibilidade de transferir totalmente a potência de cada indivíduo para uma personalidade que ficaria depositária do monopólio da violência legítima. Não é somente pela necessidade de assegurar que os indivíduos permaneçam livres na cidade; é também por uma razão mais profunda e mais essencial ao sistema, qual seja a necessidade que a natureza imprime aos seus modos, enquanto sua causa e causa imanente. Conforme o autor explicitará na já referida carta 50, e contrariamente ao que supõe o contratualismo, o direito natural de cada indivíduo mantém-se integralmente na sociedade. Dito de outro modo, o estado de natureza subsiste no estado civil, pelo que o estado é configuração ou modo, não negação, da natureza.

....
50. "(...) é impossível um monarca discordar de si mesmo, seja por inveja ou por interesse; mas numa assembléia isso é possível, e em tal grau que pode chegar a provocar uma guerra civil". *Leviatã*, cap. XIX, trad., cit., p. 162.

Configurações da potência

O que Espinosa diz a este respeito na carta a Jarig Jelles antecipa a doutrina do *TP* e é, ao mesmo tempo, a aplicação coerente da sua ontologia à política. Na impossibilidade de encontrar a fundamentação em qualquer transcendência, e na impossibilidade de pensar os indivíduos como desapossados daquilo que os constitui, ou seja, a potência da natureza, a política somente pode ser pensada na imanência e como configuração específica do relacionamento entre esses modos da natureza que são os seres humanos. Antes de a política opor Espinosa a Hobbes, é a ontologia espinosana que impede que se pense a política a partir do indivíduo isolado, pois este, em boa verdade, é mais uma "opinião" do que algo que realmente se dê na natureza. No capítulo II do *TP* diz-se claramente que o direito natural somente pode conceber-se "onde os homens possuem direitos comuns". Não se trata de uma verificação empírica ou de algo que se aprenda com a história. É a própria definição do indivíduo como modo da substância que obriga a concebê-lo obrigatoriamente em contexto relacional. A ordem da natureza é a ordem das conexões entre os seus modos, conexões estas que fazem de cada um deles uma teia de efeitos e de afetos, ao mesmo tempo que aumentam ou diminuem a sua independência no contexto em que se encontra, tornando-o mais *sui juris* ou mais *alterii juris*, mais independente ou mais dependente e submisso. O jurídico, enquanto ordem e ordenação das potências individuais e coletivas, é também expressão da natureza. Desse ponto de vista, a multidão já está presente e começa a emergir logo no próprio conceito de individualidade, sendo por essa razão o único horizonte em que é possível pensar o político. É este o motivo por que o direito do estado é definido no *TP* como potência da multidão, e não como potência subtraída à multidão, à maneira hobbesiana. Negada a consistência ontológica de um operador que artificialmente constituiria o direito comum a partir da cedência por cada um do seu direito individual, é agora a potência ou direito natural dos indivíduos associados que se constitui, ela própria, em direito civil. Com efeito,

> Se dois se põem de acordo e juntam forças, juntos podem mais, e conseqüentemente têm mais direito sobre a natureza do que cada um deles sozinho; e quantos mais assim estreitarem relações, mais direito terão todos juntos.[51]

Esta forma de encarar o político como um processo relacional e como continuação do estado de natureza não equivale, porém, a extrair a conclusão aristotélica segundo a qual o homem seria naturalmente sociável. Pelo contrário, trata-se de um processo que é tanto de associação como de conflito, em que o direito de cada um significa sempre a sua atual e efetiva independência perante os demais. Se há acordo entre dois ou mais homens, "se a multidão, como diz Espinosa, convém naturalmente, não é sob a direção da razão mas do afeto comum"[52]. Ora, o afeto comum, tal como o afeto individual, é por essência perecível, inconstante e mutável. Considerar, pois, a natureza como horizonte inultrapassável do político significa integrar o político num horizonte de conflitualidade e contingência, onde não obstante os homens se unem de forma mais ou menos duradoura consoante os afetos comuns que estabilizam e predominam em dado momento. É aí, nesse preciso horizonte, que Espinosa se encontra com Maquiavel.

Na verdade, afirmar a equivalência do direito e da potência implica admitir, no agregado social, uma dinâmica de constituição do direito comum enquanto forma de pre-

---
51. *TP*, II, 13, G III, 281.
52. *TP*, VI, 1, G III, 291.

servação dos *conatus* individuais, ou seja, do esforço que cada um faz para perseverar na existência. É do interesse de cada um juntar-se àqueles cuja presença faz aumentar a sua própria potência e o seu bem-estar. É igualmente do interesse de cada um opor-se àqueles que lhe diminuem a potência e reduzem o bem-estar. Desse modo, e através desta dualidade matricial em relação a todo o fenômeno afetivo, originam-se aproximações e exclusões, há grupos que se formam e grupos que se combatem, há paz e há guerra, há novos "corpos", enfim, que se constituem e que remodelam constantemente a paisagem social.

A partir de um certo grau de potência, esses "corpos" socialmente constituídos adquirem uma capacidade e um horizonte de sobrevivência de uma ordem de grandeza completamente diferente da dos corpos que se dão na natureza física. Porém, na gênese como na essência atual de semelhantes "corpos", está sempre a multidão. Em todos os tipos de estado ela permanece, imune a qualquer superação teológica ou jurídica, como verdadeira substância do direito comum, sem contudo alguma vez deixar de ser essencialmente multíplice e soçobrar na voragem do uno. A multidão não deve encarar-se como uma entidade que em si mesma possua direito da mesma forma que cada um dos indivíduos o pode realmente possuir, porquanto ela é sempre a resultante de uma multiplicidade dispersa de potências individuais. E, sendo certo que estas também resultam de uma sucessão de afetos contraditórios, existe no entanto uma distinção inultrapassável: os afetos individuais supõem uma unidade prévia, a unidade de um *eu* para o qual remetem os atos de vontade e todos os afetos; a multidão só através de mediações artificialmente construídas se pode considerar um indivíduo. O corpo político ou república é tão-só a forma como a sua potência, sem jamais suturar a conflitualidade que em si lateja e intrinsecamente a constitui, se afirma coesamente através de um regime ou conjunto de normas que normalizam e preservam duradouramente a interação evolutiva dos seus membros.

Decerto, em monarquia, a multidão parece viver completamente *alieni juris,* sujeita ao direito ditado por um só. Porém, como escreve Espinosa,

> O direito, efetivamente, determina-se só pela potência, como mostramos no cap. II, e a potência de um só homem é, de longe, incapaz de sustentar tão grande peso. Daí acontecer que aquele a quem a multidão elege rei chama para junto de si comandantes, conselheiros ou amigos, aos quais confia a sua salvação e a de todos, de tal modo que o estado, que se crê ser absolutamente monárquico, na prática, é realmente aristocrático, não de modo manifesto, mas tácito, e por isso mesmo péssimo.[53]

Além disso, o rei tem interesse em respeitar os valores sociais que a multidão aplaude, a fim de usufruir de apoio popular. Se não o fizer, a sua potência reduzir-se-á, uma vez que, por natureza, ela não é outra coisa senão a potência da multidão. Espinosa afirma-o explicitamente:

> O gládio do rei, ou direito, (é) na realidade a vontade da própria multidão, ou da sua parte mais válida.[54]

Pode, por conseguinte, concluir-se que, como o autor afirma alguns parágrafos mais adiante:

> A multidão pode conservar sob um rei uma liberdade bastante ampla, desde que consiga que a potência do rei seja determinada somente pela potência da mesma multidão e mantida à guarda desta.[55]

Também numa aristocracia, a multidão vive aparentemente subordinada a um grupo de eleitos que a coman-

---
53. *TP*, VI, 5, G III, 298.
54. *TP*, VII, 25, G III, 319.
55. *TP*, VII, 31, G III, 323.

dam e lhe impõem as normas. Em teoria, um estado aristocrático é também absoluto, no sentido em que as suas leis são as promulgadas pelo Conselho de governantes, sem qualquer consulta ao povo. Porém este estado, aos olhos de Espinosa, possui, antes de mais, vantagens sobre o estado monárquico, exatamente porque a sua constituição é plural e a sua essência jurídica e administrativa é de algum modo habitada pela multiplicidade. Da mesma forma que Maquiavel, e contrariamente a Hobbes, Espinosa vê na multiplicidade um operador de estabilidade, muito mais eficaz do que a vontade de um só. O *TP* apresenta para tal uma sequência de razões, a última das quais é a seguinte:

> A vontade de um só homem é particularmente variável e inconstante e, por isso, todo o direito do estado monárquico é vontade do rei explicitada (…), mas nem toda a vontade do rei deve ser direito, coisa que não pode dizer-se da vontade de um conselho suficientemente grande.[56]

Não é só como operador de estabilidade que a multiplicidade se revela vantajosa, tornando imperativa a institucionalização do poder, através de uma rede de instâncias que funcionem como seguro contra os riscos da vontade unipessoal. Na realidade, ela é também e principalmente um operador de racionalidade:

> A vontade de um tão grande conselho não pode ser tão determinada pela volúpia quanto pela razão, visto que os homens são arrastados diversamente pelos maus afetos e não podem conduzir-se como que por uma só mente senão quando desejam coisas honestas ou que, pelo menos, tenham aspecto de honestas.[57]

---

56. *TP*, VIII, 3, G III, 325.
57. *TP*, VIII, 6, G III, 326.

Além disso, ainda que em teoria o estado aristocrático exclua a multidão de todo o conselho ou votação e, ao contrário da monarquia, prescinda de aconselhamento exterior aos órgãos de poder, só teoricamente ele é absoluto. Na realidade, a multidão permanece no cerne do estado e condiciona o direito comum. Como diz Espinosa,

> A razão pela qual, na prática, não é um estado absoluto não pode ser, portanto, senão o fato de a multidão meter medo aos que mandam e, deste modo, conseguir alguma liberdade para si, a qual reivindica e mantém, se não expressamente na lei, ao menos tacitamente.[58]

Semelhante liberdade, longe de ser residual, sobredetermina de tal maneira as próprias instituições e as leis do estado, que na constituição deste se deve procurar que o conselho que governa

> esteja, tanto quanto possível, sob jurisdição de si próprio e não corra nenhum perigo da parte da multidão.[59]

De igual modo,

> Deve por isso investigar-se qual a proporção para que o estado não se torne paulatinamente de cada vez menos homens e, pelo contrário, o número deles aumente na proporção do desenvolvimento do próprio estado.[60]

Espinosa manifesta-se inclusive convencido de que os estados aristocráticos começaram por ser, na sua gênese, democráticos. Porque é natural os primeiros ocupantes de uma terra considerarem justo terem todos os mesmos direitos, mas não considerarem justo que esses direitos se-

---
58. *TP*, VIII, 4, G III, 325.
59. *TP*, VIII, 7, G III, 326.
60. *TP*, VIII, 11, G III, 328.

jam atribuídos aos imigrantes que vão chegando. Por isso, a democracia inicial de proprietários se converte em aristocracia, a qual vive no temor do novo *dêmos*, pois este integra novas gerações que foram chegando e estabelecendo-se no país e que adquiriram a língua e os costumes deste mas não os direitos. Ameaçado do exterior pelos sem direito, o núcleo dos proprietários iniciais é além disso ameaçado interiormente pelas lutas que se travam entre eles mesmos pelo poder. E Espinosa conclui:

> Assim, paulatinamente, o estado é entregue a uns poucos e, por fim, devido às facções, a um só.[61]

O risco de ser um só a deter em definitivo o mando, repare-se, é relativo. Já vimos que numa monarquia a multidão pode gozar de bastante liberdade. O problema é que o governo de um só tende a privatizar a coisa pública e a monopolizar a decisão, procurando eliminar a diferença e a conflitualidade, que são inerentes ao político, e enveredando assim por uma violência crescente. Em termos de Aristóteles, que Hannah Arendt irá retomar, diríamos que a *pólis* corre então o risco de ficar submersa no *oîkos*, aumentando as hipóteses de a comunidade de comunidades, que supostamente visa o bem comum, ficar refém da estratégia de uma família ou grupo que a conduzem com vista unicamente à prossecução do seu próprio interesse. Daí o elogio extremo da multiplicidade como garantia da liberdade que Espinosa faz naquela que é, porventura, dentre todas as suas páginas, a mais influenciada por Maquiavel:

> Porque se é verdade que enquanto os romanos deliberam Sagunto perece, também é por outro lado verdade que, se forem poucos a decidir tudo de acordo apenas

---
61. *TP*, VIII, 12, G III, 329.

com o seu afeto, perece a liberdade e o bem comum. Os engenhos humanos são, com efeito, demasiado obtusos para que possam compreender tudo de imediato; mas consultando, ouvindo e discutindo, eles aguçam-se e, desde que tentem todos os meios, acabam por encontrar o que querem, que todos aprovam e em que ninguém havia pensado antes.[62]

Una veluti mente

O direito à expressão de opiniões, assim como a multiplicidade dos participantes na decisão, constituem, pois, requisitos para que se preserve a liberdade e, ao mesmo tempo, para que se multipliquem as hipóteses de transparência e de uma decisão acertada. A exposição e o confronto da diversidade natural são um método racional e fecundo. Tal método não garante contudo que a controvérsia se extinga no momento em que se chegar a uma conclusão razoável. Pelo contrário, ela tende a eternizar-se, refletindo assim o natural apego de cada um à respectiva opinião e, obviamente, a relutância à obediência. Isto mesmo é dito explicitamente:

> (...) Cada um prefere governar a ser governado. Ninguém, com efeito, concede voluntariamente o estado a outrem, conforme diz Salústio no primeiro discurso a César. É, por isso, claro que uma multidão inteira nunca transferiria o seu direito para uns poucos, ou para um só, se pudesse pôr-se de acordo entre si e se das controvérsias que tão freqüentemente se desencadeiam nos grandes conselhos não se passasse às revoltas. A multidão, portanto, só transfere livremente para um rei aquilo que é absolutamente impossível ela própria ter em seu poder, ou seja, o dirimir as controvérsias e o decidir de forma expedita.[63]

---

62. *TP*, IX, 14, G III, 352.
63. *TP*, VII, 5, G III, 309.

Temos, assim, a par de um movimento que se desenrola no interior do *TP* animado pelo apego à liberdade individual e à vontade de governar, um outro movimento que cruza igualmente a obra mas que se orienta para a urgência da decisão. A busca natural da independência, o esforço de cada um para ser *sui juris*, requer paradoxalmente que o processo deliberativo seja estancado no momento certo e que se produza uma ordem comum, uma normalização, a qual suspende a dinâmica virtualmente conflitual das opiniões singulares[64]. Resoluções ambíguas ou lentas, já prevenira Maquiavel, são próprias de estados fracos[65], os quais não garantem a sua independência nem, por conseguinte, a possível independência dos súditos. Ora, a multidão, enquanto tal, nega a possibilidade de uma decisão rápida e que responsabilize todas as vontades. Ela apresenta-se permanentemente na sua condição de conflito aberto, de diferendo e jogo de interesses. Se acaso estabiliza, que o mesmo é dizer se se formaliza em estado, ou se este lhe é imposto, é porque encontrou um regime ou modo de regulação da interação das potências individuais, o qual faz dela uma unidade ou corpo político. E mesmo que tal não apague, nem suspenda, como supunha Hobbes, a multiplicidade que lhe subjaz, essa unificação produz uma ruptura substancial: a capacidade de enunciar e de vigiar as normas em que se exprime a potência da multidão passou a ser protagonizada, de tal maneira que a partir de então pode afirmar-se que a multidão é "conduzida como que por uma só mente"[66]. Dito de outro modo, cada um dos indivíduos passou a temer um só e o mesmo poder – uma *potestas* – e por isso a ter de obedecer. Tanto faz que esse poder tenha encarnado num só indivíduo, num grupo ou na multidão inteira. Se ele realmen-

....
64. Cf. Diogo Pires Aurélio, "Del 'afecto común' a la República", in Eugenio Fernández e María Luisa de La Cámara (orgs.), *El Gobierno de los afectos en Baruj Spinoza,* Madrid, Trotta, 2007, pp. 345-58.
65. Cf. *Discorsi*, II, 15, cit., pp. 169-70.
66. *TP*, III, 2, G III, 285.

te existe, ou seja, se a potência da multidão configura um direito comum, ele permite estabilizar através da decisão soberana os diferendos, dotar a multidão de um braço armado e enfrentar os adversários externos.

A verdadeira natureza deste corpo político "conduzido como que por uma só mente" – expressão que Espinosa introduz e repete insistentemente no *TP* – tem sido nas últimas décadas alvo de repetidas discussões entre especialistas, os quais se dividem entre uma interpretação naturalista e uma interpretação metafórica da individualidade do estado. O problema foi suscitado por A. Matheron[67], autor este para quem o estado "é exatamente um indivíduo no sentido espinosista da palavra", um indivíduo constituído pelo "conjunto de grupos humanos que habitam o território" e funcionando como "uma estrutura global segundo a qual se coordenam, numa interação circular autoreguladora, as atividades e os poderes dessas unidades de base". Matheron conclui dizendo que "não há, pois, nenhuma diferença entre leis jurídicas e leis físicas: umas e outras são regras uniformes em que se exprime a vida de uma essência individual"[68].

Do lado da interpretação metafórica, surgem principalmente Douglas den Uyl, para quem o estado "não é um novo indivíduo, é antes uma utilização mais efetiva ou eficiente dos poderes possuídos pelos indivíduos que se relacionam"[69]; e Lee Rice, que argumenta que "em termos

---

67. Alexandre Matheron, *Individu et Communauté chez Spinoza*, Paris, Minuit, 1969. Para uma informação pormenorizada sobre a discussão, cf. Pierre-François Moreau, *Spinoza, L'éxpérience et l'éternité*, Paris, PUF, 1994, pp. 441-59, autor que corrobora no essencial as teses de Matheron. Sobre desenvolvimentos mais recentes das teses em presença, cf. Étienne Balibar, "Potentia multitudinis, quae una veluti mente ducitur", *in* Marcel Senn/Manfred Walther (Hrsg.), *Ethik, Recht und Politik bei Spinoza*, Zurich, Schulthess, 2001, pp. 105-37.

68. Cit., pp. 347-8.

69. Douglas den Uyl, *Power, State and Freedom*, Assen, Van Gorcum, 1983, p. 70.

genuinamente espinosistas um indivíduo é superior à soma das suas partes (tem mais *conatus* que a soma dos seus elementos conativos). Mas o estado não é um indivíduo no sentido genuinamente espinosista, representando mesmo um exemplo da situação em que um indivíduo é muito menos que a soma das suas partes. É com base nesta concepção que Espinosa preserva o direito natural ou poder das pessoas no interior da sociedade civil e evita a dificuldade, quer do totalitarismo, quer da reificação metafísica dos agregados sociais"[70].

Subjacentes a esta dicotomia, existem pontos de vista ideologicamente diferentes, mas existe também uma inexplicável entificação, num caso, do estado, no outro, do indivíduo, como se estivéssemos perante realidades pensáveis autonomamente. É o próprio Espinosa que, em várias passagens, sugere a impossibilidade de o indivíduo, já de si um corpo complexo, formado por uma infinita rede de partículas, se poder ainda assim pensar concretamente, isto é, a existir e sobreviver, isolado na solidão de um deserto, da mesma forma que o estado, se o considerarmos à margem da real inter-relação dos indivíduos, se reduz por sua vez a uma outra abstração. De fato, o indivíduo não é uma entidade situada no centro de um conjunto de círculos – família, empresa, sociedade, estado – que lhe ofereceriam como que um "ambiente" social. De igual modo, o estado não é um simples aglomerado de átomos individuais, mesmo que consideremos a atividade desses átomos articulada e regulada pelo direito, a moral e os costumes. O estado não se reduz a uma estrutura jurídica nem se identifica com o direito positivo. Com efeito, para além dessa regularidade que lhe conferem as normas, a identidade do estado apresenta uma dinâmica evolutiva, sempre

---

70. Lee C. Rice, "Individual and Community in Spinoza's Social Psychology", *in* E. Curley and P.-F. Moreau (ed.), *Spinoza, Issues and Directions*, Leiden, Brill, 1990, p. 282.

polarizada numa determinada forma de domínio ou império. Tal como um combate ou um jogo entre dois conjuntos que se defrontam, o estado inclui essa normatividade que, por assim dizer, o constitui, que é a sua *constituição*, mas inclui também o modo como cada indivíduo ou grupo interpreta a intencionalidade de cada um dos outros e, em função desta, se posiciona e interage em ordem ao reforço da sua potência individual. A atuação de cada um – de acordo aliás com a filosofia de Maquiavel, sempre latente no *TP* – só faz sentido quando vista a partir do que pensam e fazem todos os outros. O estado, por isso, é permanentemente uma tensão – crescente ou decrescente – vivida pelos indivíduos que o constituem, um jogo de forças cuja resultante se representa não por uma simples estrutura ou conjunto estruturado, mas por uma configuração, como sugere Norbert Elias[71]. Não estamos, efetivamen-

---

71. Dentre as muitas passagens da obra de N. Elias em que se explicita o conceito de configuração, pode ler-se a seguinte: "O grupo móvel de jogadores de uma equipe só pode compreender-se por relação ao da outra equipe. Se o espectador quer compreender o jogo e tirar daí prazer, deve ser capaz de seguir as posições mutáveis dos jogadores das duas equipes, assim como a configuração de um conjunto mutável que formam os dois campos. Seria verdadeiramente absurdo qualificar cada um dos jogadores de 'concreto' e qualificar a configuração mutável de 'abstrata', ou empregar termos como 'real' para designar cada um dos jogadores ou 'irreal' para designar o seu reagrupamento, a sua configuração mutável no terreno. (...) No centro do processo de configuração, estabelece-se um equilíbrio flutuante das tensões, um movimento pendular de equilíbrio das forças, que se inclina ora para um lado, ora para outro." Norbert Elias, *Was ist Soziologie?*, 1970, trad. fr., Paris, Éditions de l'Aube, 1991, p. 158. Para uma exposição mais desenvolvida desta interpretação de Espinosa à luz da sociologia de Norbert Elias, cf. D. P. Aurélio, *Imaginação e Poder*, cit., pp. 261-304. O esboço de interpretação aí apresentado foi, entretanto, objeto de uma apreciação crítica de Marilena Chaui, que defende a noção de estrutura por contraposição à de configuração (*Política em Espinosa*, São Paulo, Companhia das Letras, 2003, pp. 325-7). Na mesma linha, se bem que de um ponto de vista diferente do da autora de *A Nervura do Real*, Douglas den Uyl ("Spinoza on Autonomy, Perfectionism, and Politics", *in* E. F. Paul, F. D. Miller Jr., J. Paul, *Autonomy*, Cambridge University Press, 2003, p. 66) escreve o seguinte, em abo-

te, perante unidades estáticas e vazias, ainda que relacionadas segundo leis e costumes, como seriam os indivíduos

....

no da sua recusa, já anteriormente expressa em outras obras, de uma concepção do estado como indivíduo: "Wath the state is really doing, however, is providing a structure for aggregating individuals, so that conflit and strife among them are avoided." Algumas décadas antes, também Vidal Peña Garcia, comentando o conceito de *facies totius universi*, defendera, na sua tese sobre *El materialismo de Spinoza*, Madrid (Revista do Ocidente, 1974, pp. 124-36), uma interpretação "estruturalista" da ontologia espinosana, distinta igualmente da interpretação mecanicista e da interpretação biologista ou organicista. A noção de estrutura remete, no entanto, pelo menos na sua versão "estruturalista", para um grau de formalização que não parece ser aquele que Espinosa atribui ao *imperium*. A estrutura, no dizer de Lévy-Strauss, é um "modelo", e deve, enquanto tal, "ser construído de tal maneira que o seu funcionamento possa dar conta de todos os fatos observados" (*Anthropologie Structurale*, Paris, Plon, 1958, p. 306). Ora, conforme diz Marilena Chaui, em perfeita fidelidade à ontologia de Espinosa, "a *multitudo* e o *imperium* são acontecimentos" (cit., p. 327). E, a ser assim, ou exatamente por ser assim, resulta impossível interpretar o império como estrutura sem atribuir à multidão – por cuja potência o império se define – uma sistematicidade e uma coerência que lhe são intrinsecamente estranhas, e que no entanto lhe seriam necessárias para se poder entendê-la como princípio explicativo de cada um dos seus elementos. O império também apresenta, é certo, uma *ratio*, uma proporcionalidade entre os seus elementos – população, situação geográfica, economia, etc. –, à qual deve conformar-se o aparelho jurídico-administrativo e que pode entender-se como sua estrutura. O império, todavia, não é essa racionalidade que preside à sua materialização, pelo contrário, ele materializa-se como um equilíbrio sempre instável de poder, isto é, como configuração historicamente assumida pelo estado de natureza. Longe de se reduzir a um sistema de leis e instituições, que por assim dizer anteciparíam o positivismo jurídico de um Kelsen – sentido em que parece caminhar a interpretação de Den Uyl –, o império afirma-se explicitamente como potência da multidão, a qual, para ter expressão política, se desdobra numa tensão entre quem enuncia a norma – o direito comum – e quem lhe está sujeito. Não há potência sem norma, não há império sem configuração. Daí que seja impossível elidir na interpretação do conceito de império esse seu lado proteiforme, jamais estruturado em definitivo, que é da sua natureza enquanto potência e que se exprime em cada uma das suas configurações, democráticas ou não, permitindo assim compreender, por exemplo, a razão por que, em monarquia, "o rei deve ser considerado como a mente da cidade" (*TP*, VI, 19). É esta harmonia precária, esta estabilidade instável e inerente ao "estado civil", que afasta Espinosa de Hobbes ou de qualquer outra teoria tendente a cristalizar o império, seja na utopia de um "estado ótimo", após a celebração do pacto hobbesiano. Pelo contrário, estamos perante graus de potência, intensidades oscilando ao sabor do sinal positivo ou negativo dos vários afetos, mas configurando um direito comum, quer dizer, um domínio efetivo sobre cada um dos indivíduos. Pensar o estado como configuração é ter em conta a sua natureza intrinsecamente múltipla, sem cristalizar na rigidez das estruturas as singularidades que o integram, nem anular em definitivo o imponderável que resulta de variáveis tão oscilantes como são a qualidade de quem protagoniza a soberania e o movimento das "massas" que, como diz Espinosa, "se não temem, são terríveis".

O conceito de configuração ajuda igualmente a perceber por que é que ao direito comum se chama "império". Da mesma forma que a natureza é causa imanente, não transitiva, e se exprime através dos seus efeitos ou modos, assim também no direito comum é a potência da multidão que se exprime. Essa potência, já o dissemos, é intrinsecamente multíplice e insuscetível de uma síntese que a transcenda e reconcilie em definitivo. Para que ela encarne, de fato, o direito comum, isto é, decida e ordene, ela tem que se configurar como império ou domínio sobre cada uma das potências individuais, isto é, tem de ser protagonizada por uma vontade acima da vontade de cada um e funcionar como se fosse uma só mente. Seja, porém, qual for a forma que assumir o império ou estado, o indivíduo não deixa de se esforçar por ser tanto mais *sui juris* quanto possa. Pode o estado ser detido por um só, por uns tantos, ou por todos: a sua potência ou direito nunca deixa de ser a resultante das potências e impotências do soberano e dos súditos, ou seja, nunca deixa de ser a potência da multidão configurada como um tipo de *imperium*.

....
seja na formalização de um direito positivo que se ignorasse como continuação do estado de natureza e sua configuração.

O estado totalmente absoluto

Aparentemente, a democracia, ao estatuir a participação de todos na formação direta das decisões, tornaria todos e cada um soberanos, ultrapassando a lógica da dominação e fazendo a multidão coincidir, sem quaisquer mediações, com a sua própria configuração como *potestas*. Mas será que a potência da multidão pode realmente alguma vez deixar de configurar um *imperium,* o qual não pode pensar-se excluindo a assimetria entre quem o detém e quem lhe está submetido? Pode o político alijar a condição de domínio? Pode, em suma, a cidade surgir sem estado?

O tratamento desta matéria no âmbito do *TP* esbarra numa primeira dificuldade, porquanto o filósofo morreu precisamente quando estava a iniciar o capítulo dedicado ao assunto, depois de ter abordado em dois capítulos a monarquia e em outros dois a aristocracia. A explicitação da democracia é, literalmente, o resto que faltará para sempre neste último texto: *reliqua desiderantur,* conforme o editor acrescentou aos magros quatro parágrafos do capítulo XI que Espinosa ainda redigiu.

Há no entanto elementos no conjunto da obra que, não permitindo embora uma resposta a muitas das questões processuais que o funcionamento do estado democrático suscita e que Espinosa deixa por responder, ao contrário do que sucede em relação à monarquia e à aristocracia, são suficientes para assinalarmos aí a primeira e, porventura, a mais consistente defesa da ideia de democracia na modernidade. No *TTP*, esses elementos surgem ainda em contexto manifestamente hobbesiano e contratualista.

> A condição para que uma sociedade se possa constituir sem nenhuma contradição com o direito natural e para que todo o pacto seja sempre observado com a máxima fidelidade é, pois, a seguinte: cada um deve transferir para a sociedade toda a potência que possui, de forma que só ela detenha, sobre todas as coisas, o poder supremo, ao qual

cada um é obrigado a obedecer, livremente ou por receio da pena capital. O direito de uma sociedade assim chama-se democracia, a qual, por isso mesmo, se define como a união de um conjunto de homens que detêm colegialmente o supremo direito a tudo o que estiver em seu poder.[72]

O estado democrático surge, à partida, como o mais conforme à natureza humana, aquele que não envolve nenhuma réstia de contradição com o direito natural, e por isso Espinosa, neste caso ao arrepio de Hobbes, o toma como uma espécie de matriz de todo o político. É que em democracia, diz-se um pouco mais adiante,

> Ninguém transfere o seu direito natural para outrem ao ponto de este nunca mais ter de o consultar daí em diante: transfere-o, sim, para a maioria do todo social, de que ele próprio faz parte, e, nessa medida, todos continuam iguais, tal como acontecia anteriormente no estado de natureza.[73]

Por outras palavras, a democracia aproxima-se no plano político da igualdade que se verifica no estado de natureza, onde não existe razão alguma para que alguém esteja na condição de dar ordens e, assim, reduzir a liberdade dos demais. Nessa medida, ela pode também considerar-se como o tipo de estado, ou de império, que melhor contribui para se atingir a finalidade de qualquer república. Sendo, com efeito, a associação dos indivíduos feita com base numa cedência voluntária do direito natural, seria impensável e contraditório ela destinar-se a tornar menos *sui juris,* isto é, menos potente, cada um dos associados. Um império será tanto menos racional e, por conseguinte, tanto mais contrário à natureza do homem quanto mais reduzir a sua capacidade de expressão e de ação. Como diz Espinosa, o fim último da república

---
72. *TTP*, XVI, G III, 193, trad., cit., p. 330.
73. *TTP*, XVI, G III, 195, trad., cit., p. 332.

não é dominar nem conter os homens pelo medo e submetê-los a um direito alheio; é, pelo contrário, libertar o indivíduo do medo, a fim de que ele preserve o melhor possível, sem prejuízo para si ou para os outros, o seu direito natural a existir e a agir. (...) O verdadeiro fim da república é, de fato, a liberdade.[74]

A razão de ser do político reside, por conseguinte, na criação das condições para que cada um preserve o mais possível a sua natureza, a qual se define como energia que em cada momento se esforça por se libertar de tudo quanto se lhe opõe e limita o poder de agir. Nesse sentido, o político confunde-se com a liberdade. Todavia essa liberdade só se concretiza em comunidade, que o mesmo é dizer, em associação ou confronto com a dos outros, o que implica uma regulação para que não degenere em prejuízo mútuo. A liberdade individual afirma-se em face da liberdade alheia. É aí que surge a figura do *imperium*, ao qual, não por acaso, Espinosa no *TP* aponta como virtude a segurança, isto é, a garantia de condições para o exercício da liberdade, que é virtude privada[75]. O império ou estado é o meio para que a república realize o seu fim natural, isto é, a liberdade de cada um.

Já vimos que esse império se define como potência da multidão, seja qual for a sua configuração. Mesmo em monarquia, o rei não é senão o operador que torna possível o surgimento de uma lei comum a partir da multiplicidade de opiniões que se exprimem em assembleia, ao longo do processo deliberativo. Conforme observa E. Balibar, "sem esta função central, o sistema seria incapaz de produzir um resultado e não poderia senão oscilar indefinidamente entre diversas maiorias. Assembleia e monarca, repartindo entre si os momentos da decisão (e, depois, o

---

74. *TTP*, XX, G III, 240-241, trad., cit., p. 385.
75. "A liberdade de ânimo, ou fortaleza, é com efeito uma virtude privada, ao passo que a segurança é a virtude do estado." *TP*, I, 6, G III, 275.

controle da execução), suspendem a incerteza do sistema, estabilizam a multidão. Ou melhor, a multidão estabiliza-se a si mesma, ao eleger no seu seio (por um qualquer mecanismo regular) um indivíduo a quem compete concluir"[76].
A multidão, contudo, em determinadas situações, pode configurar-se em estado sem ser através de uma vontade individual acrescentada à assembleia de conselheiros. É o que acontece em aristocracia, estado em que um Conselho Geral, desejavelmente representativo de toda a multiplicidade de opiniões e interesses, concentra em si as funções de deliberação e de decisão. Este órgão[77], ao contrário do monarca, não precisa de recorrer a conselheiros exteriores; possui um prazo de validade que em teoria é eterno, uma vez que o fato de cada um dos seus membros ir sendo substituído em momentos diferentes impede que o poder retorne à multidão, como acontece em monarquia de cada vez que morre o rei; também não está sujeito à precariedade e aos imprevistos que tem a monarquia quando o rei adoece, por exemplo; nem, finalmente, conhece as variações e incertezas que são apanágio de um só indivíduo. Em aristocracia, a multidão, sem recorrer ao mecanismo de uma vontade individual, é não só conduzida "como que por uma só mente" como além disso está dotada de mecanismos que neutralizam as hipóteses de arbítrio e consequente imprevisibilidade inerentes a um processo de decisão que, pelo menos na sua última instância, a monarquia concentra numa vontade individual. Daí que se possa dizer que a aristocracia, de algum modo, é um "estado absoluto", um estado onde a razão multitudinária se expressa realmente numa única vontade.

Na prática, porém, não sucede assim, porquanto a multidão dos súditos, em face dos órgãos de poder eleitos, perfila-se como possibilidade de reprovação e revolta e, deste

---

76. Étienne Balibar, *Spinoza et la politique*, cit., pp. 87-8.
77. Cf. *TP*, VIII, 3, G III, 325.

modo, condiciona o processo de decisão. Só um estado em que todos, e não apenas os escolhidos, tenham direito a tomar partido – diretamente e não apenas através do receio que inspiram ao Conselho – nas decisões, só um estado democrático se pode, por isso, considerar "totalmente absoluto"[78]. No estado democrático, a vontade de cada um participa diretamente na decisão comum, sem passar pela mediação de órgãos eleitos, e a multidão, sem revogar a sua irrevogável diversidade conflitual, surge como titular da *potestas* – uma titularidade absoluta, na medida em que é pensada sem exterioridade alguma. Como conciliar a multiplicidade física com a unidade jurídica, como pensar o político sem um mediador que estabilize as múltiplas singularidades, como pensar, enfim, o direito comum sem a dominação?

A. Negri, na sequência das teses sobre a oposição entre *potentia* e *potestas* avançadas no seu livro *L'Anomalia Selvaggia*[79], tem vindo a sublinhar, em sucessivos textos, o caráter inovador, sob o ponto de vista político como sob o ponto de vista metafísico, do último tratado de Espinosa. Diz o filósofo italiano: "Estruturalmente, o *TP* completa a fundação espinosana de uma concepção do ser como produto da potência: ele chega assim a uma exaltação implícita e exemplar do governo absoluto da multidão exprimindo-se como liberdade organizada em segurança."[80] De que modo, contudo, poderá pensar-se o governo absoluto sem que a liberdade seja negada e sem cair no absurdo de um império sem império? Negri, reconhecendo

----

78. *TP*, XI, 1, G III, 358.

79. Negri interpreta a *potentia* espinosana, à luz do texto de Gilles Deleuze, como pura afirmação e expressão do ser, "inerência recíproca do uno e do múltiplo, da inteligência e do corpo, da liberdade e da necessidade – potência contra poder, sendo o poder um projeto de submissão do múltiplo, da inteligência, da liberdade e da potência" (*L'anomalia selvaggia*, Milano, Feltrinelli, 1981, p. 224). É daí que deriva, segundo o autor, "a necessidade – para a potência – de se colocar sempre contra o poder" (*ibidem*, p. 226).

80. Antonio Negri, *Spinoza subversif*, Paris, Kimé, 1994, p. 33.

que é "insolúvel" e "paradoxal" esta relação entre "a natureza física, múltipla, inabarcável da multidão e a sua natureza subjetiva, jurídica, criadora do direito e da constituição"[81], responde com a hipótese seguinte: "a democracia espinosana, o *omnino absolutum democraticum imperium*, deve ser concebido como uma prática social das singularidades que se entrecruzam num processo de massas, ou melhor, como *pietas* que forma e constitui as relações individuais recíprocas que se instauram entre a multiplicidade dos sujeitos que constituem a *multitudo*"[82].

Mais recentemente, e levando até as últimas consequências a interpretação feita por Negri do "estado absoluto" como absoluta ausência de estado, Warren Montag não hesita em falar, a propósito de Espinosa, de "uma política de revolução permanente, uma política sem garantias de qualquer espécie, na qual a estabilidade social pode sempre ser recriada pela reorganização constante da vida corpórea, por meio de uma perpétua mobilização de massas, em ordem a aumentar ao máximo o poder de agir e pensar de acordo com a razão. (...) Uma comunidade racional, pelo menos enquanto os seus membros vivem guiados pela razão e procuram aumentar o seu próprio poder de pensar e de agir, seria necessariamente uma democracia sem estado"[83].

Tais hipóteses, que ultimamente se repetem com frequência nos estudos espinosistas, levantam porém algumas dificuldades, a mais grave das quais é que não se vislumbra como pode a democracia, mesmo sendo o mais participado dos estados, elidir a existência da norma, isto é, da lei e da obediência, do corpo soberano e dos súditos,

....
81. A. Negri, "Reliqua desiderantur. Conjecture pour une définition du concept de démocratie chez le dernier Spinoza", in *Spinoza subversif*, Paris, Kimé, 1994, p.55.
82. *Ibidem,* p. 62.
83. Warren Montag, *Bodies, Masses, Power. Spinoza and his Contemporaries*, London/New York, Verso, 1999, pp. 84-5.

que constitui o político em si mesmo[84]. Na verdade, o *imperium* é sempre "a potência da multidão conduzida como que por uma só mente". E em qualquer estado, em qualquer regime existe sempre um operador que realiza e atualiza essa unificação da mente da multidão, ou seja, que materializa a vontade dispersa na unidade permanente de uma lei. Etienne Balibar, já há alguns anos, escrevia prudentemente, a propósito do último capítulo do *TP*, que "a questão das instituições e da regulação dos conflitos num regime de natureza democrática permanece enigmática"[85]. A mesma prudência é visível em A. Matheron, que diz a este mesmo respeito: "Estou inteiramente de acordo com tudo o que se escreveu sobre a *potentia multitudinis* e os efeitos libertadores do seu exercício pleno; mas é preciso não esquecer que, num *imperium democraticum*, trata-se de uma potência que se exerce também sobre cada um dos indivíduos e eventualmente contra alguns dentre eles"[86].

Tanto a observação de Balibar como a de Matheron resultam de uma interpretação do texto espinosano que leva em conta o fato de a potência da multidão se afirmar através de um "direito público", exatamente porque a liberdade só pode existir, coletivamente, sob o rosto de uma *potestas*. A *potentia, sive jus,* da multidão, longe de significar o desaparecimento da normatividade, de tal maneira

....

84. O enunciado deste problema reapareceu no século passado, de uma forma perfeitamente clara, na obra de Kelsen: "Democracia significa identidade do sujeito e do objeto do poder, de governantes e governados, governo do povo pelo povo. Mas o que é o povo? Uma pluralidade de indivíduos, certamente. Contudo, parece que a democracia supõe necessariamente, fundamentalmente, que esta pluralidade constitua uma unidade, e isto tanto mais que o povo aí é – ou aí deve teoricamente ser – menos objeto que sujeito." Hans Kelsen, *Vom Wesen und Wert der Demokratie*, trad. fr., *La démocratie*, reed., Paris, Dalloz, 2004, p. 14.

85. E. Balibar, *Spinoza et la politique*, cit., p. 90.

86. A. Matheron, "L'indignation et le conatus de l'État spinoziste", *in* Myriam Revault d'Allones et Hadi Rizk, *Spinoza: Puissance et Ontologie*, Paris, Kimé, 1994, pp. 153-65.

que a potência se entendesse unicamente como liberdade, e a *potestas* como pura negação e ausência de ser, à maneira de Negri, significa pelo contrário a impossibilidade de a potência da multidão existir sem o direito. Politicamente, o ser ou potência da multidão é o direito.

Espinosa, como sabem todos os seus leitores, repete insistentemente que o sentido da política reside no fato de os homens se conduzirem menos pela razão que pelos afetos. Se a multidão é de fato um conceito da maior importância na sua filosofia, é porque ela permite pensar o direito como expressão e ordenação da coexistência de uma multiplicidade de indivíduos, cada um deles com o seu direito natural. Na medida em que é expressão, ou, mais espinosanamente, modificação, o direito conserva consigo a sua causa imanente, que é a multidão. E da mesma forma que a substância é causa imanente dos modos, a potência da multidão é causa imanente do direito comum. É certo que esse direito, conforme a história demonstra, pode assumir diferentes modos e a *res publica* sobreviver sob diferentes regimes, dois dos quais – a monarquia e a aristocracia – Espinosa descreve em pormenor, deixando em fase de simples esboço a descrição de um terceiro, a democracia. Imaginar, porém, um regime em que a potência da multidão não se refletisse sob a forma de uma ordem jurídica, incidindo sobre todos e cada um dos indivíduos, seria imaginar uma potência, por um lado, constituinte e, por outro, sem nenhum poder constituído: uma potência impotente, em suma.

BIBLIOGRAFIA ESSENCIAL

1. Obras de Espinosa

Opera quotquot reperta sunt, ed. J. P. N. Land et J. van Vloten (1881-1883), Haia, M. Nijhoff, 4 tomos em 2 vols., 1914. Texto do *TP*: vol. I, tomo II, pp. 1-82.

Opera, ed. de Carl Gebhardt, Heidelberg, Carl Winter, 1972, 4 vols. (1ª ed. 1925); *Opera V, Suplementa*, 1986. Texto do *TP*: vol. III, pp. 269-360.

2. Edições bilíngues do TP

Trattato Politico, testo e traduzione a cura di Paolo Cristofolini, Pisa, Edizioni ETS, 1999.
Tractatus Politicus/Traité Politique, texte établi par Omero Proietti, traduction, introduction, notes, glossaire, index et bibliographie par Charles Ramond, Paris, PUF, 2005.

3. Traduções

Trattato Politico, a cura de Lelia Pezillo, Roma-Bari, Laterza, 1995.
Political Tretise, translated by Samuel Shirley, Introduction and notes by Steven Barbone and Lee Rice, Indianapolis/Cambridge, Hacket Publishing Company, 2000.
Traité Politique, traduction d'Émile Saisset, révisée par Laurent Bove, introduction et notes par Laurent Bove, Paris, Le Livre de Poche, 2002.
Tratado Político, traducción, introducción, índice analítico y notas de Atilano Domínguez, Madrid, Alianza Editorial, 2004.

4. Estudos

AKKERMAN, Fokke, "La pénurie de mots de Spinoza", *in* Groupe de Recherches Spinozistes, *Travaux et documents*, vol. 1, *Lire et traduire Spinoza*, Paris, 1989.
AURÉLIO, Diogo Pires, *Imaginação e Poder, Estudo sobre a filosofia política de Espinosa*, Lisboa, Colibri, 2000.
——, "Del 'afecto común' a la República", *in* Eugenio Fernandez e Maria Luisa de La Cámara (ed.), *El gobierno de los afectos en Baruj Spinoza*, cit., pp. 345-58.
BALIBAR, Étienne, "*Jus, pactum, lex*: sur la constitution du sujet dans le *Traité Théologico-Politique*", *in Studia Spinozana*, 1 (1985), pp. 105-42.

BALIBAR, Étienne, *Spinoza et la politique*, Paris, PUF, 1985.
——, "Potentia multitudinis quae una veluti mente ducitur", *in* Marcel Senn/Manfred Walther (Hrsg.), *Ethik, Recht und Politik bei Spinoza*, Zurich, Shulthess, 2001, pp. 105-37.
BLANCO-ECHAURI, Jesús, "La obligación contractual en la filosofia política de Espinosa", *in Laguna, Revista de Filosofia*, 7 (2000), pp. 111-133.
——, (ed.), *Espinosa: ética e política*, Universidade de Santiago de Compostela, 1999.
——, "La política como gobierno de las passiones", *in* Eugenio Fernandez e Maria Luisa de La Cámara (ed.), *El gobierno de los afectos en Baruj Spinoza*, cit., pp. 359-77.
BOVE, Laurent, *La Stratégie du Conatus*, Paris, Vrin, 1996.
CAPORALI, Riccardo, *La fabrica dell'*Imperium. *Saggio su Spinoza*, Napoli, Liguori, 2000.
CHAUI, Marilena, *A Nervura do Real. Imanência e liberdade em Espinosa*, São Paulo, Companhia das Letras, 1999.
——, *Política em Espinosa*, São Paulo, Companhia das Letras, 2003.
CRISTOFOLINI, Paolo, "*Esse sui juris* e scienza politica", *in Studia Spinozana*, 1 (1985), pp. 35-72.
——, "Le parole-chiavi del *Trattato Politico* e le traduzioni moderne", *in* Pina Totaro (a cura di), *Spinoziana*, cit., pp. 23-38.
CURLEY, Edwin, "L'état de nature et la loi chez Hobbes et Spinoza", *in* Atilano Domínguez, Atilano (ed.), *La Etica de Spinoza. Fundamentos e significado*, cit., pp. 355-60.
——, "Kissinger, Spinoza and Gengis Khan", *in* Don Garret (ed.), *The Cambridge Companion to Spinoza*, Cambridge University Press, 1996, pp. 315-342.
D'ALLONES, Myriam Revault, RIZK, Hadi (dir.), *Spinoza: Puissance et Ontologie*, Paris, Kimé, 1994.
DELEUZE, Gilles, *Spinoza et le problème de l'expression*, Paris, Minuit, 1968.
DEN UYL, Douglas, *Power, State and Freedom*, Assen, Van Gorcum, 1983.
——, "Spinoza on Autonomy. Perfectionism, and Politics", *in* Ellen Frankel Paul, Fred D. Miller Jr., Jeffrey Paul, *Autonomy*, Cambridge University Press, 2003, pp. 30-69.
——, WARNER, Stuart, "Liberalism and Hobbes and Spinoza", *in Studia Spinozana*, 3 (1987), pp. 261-318.

DOMÍNGUEZ, Atilano (ed.), *La* Etica *de Spinoza. Fundamentos y significado,* Universidad de Castilla la Mancha, 1992, pp. 355-60.

—— (comp.), *Biografías de Spinoza,* Madrid, Alianza Editorial, 1995.

FERNANDEZ, Eugenio, CÁMARA, Maria Luisa de la (ed.), *El gobierno de los afectos en Baruj Spinoza*, Madrid, Trotta, 2007.

GARULLI, Enrico, "La *multitudo* o 'suggetto colectivo' in Spinoza", *in* Emilia Giancotti (ed.), *Proceedings of the First Italian International Congress on Spinoza*, Napoli, Bibliopolis, 1985, pp. 333-42.

ISRAEL, Jonathan I., *The Dutch Republic, Its rise, Greatness, and Fall, 1477-1806*, Oxford, Clarendon Press, 1995.

——, *Radical Enlightenment, Philosophy and the Making of Modernity, 1650-1750*, Oxford University Press, 2001.

LAZZERI, Christian, *Droit, pouvoir et liberté. Spinoza critique de Hobbes*, Paris, PUF, 1998.

MACHEREY, Pierre, "Spinoza, la fin de l'histoire et la ruse de la raison", *in Avec Spinoza, études sur la doctrine et l' histoire du spinozisme*, Paris, PUF, 1992, pp. 111-40.

——, *Introduction à l'*Ethique *de Spinoza: La troisième partie. La vie affective*, Paris, PUF, 1995.

——, *Introduction à l'*Ethique *de Spinoza: La quatrième partie. La condition humaine*, Paris, PUF, 1997.

MARTINEZ, Francisco José, *Autoconstitución y Libertad. Ontología y política en Espinosa*, Madrid, Anthropos, 2007.

MATHERON, Alexandre, *Individu et communauté chez Spinoza*, Paris, Minuit, 1969

——, *Anthropologie et politique au XVIIe siècle*, Paris, Vrin, 1986.

——, "La fonction théorique de la démocratie chez Spinoza", *in Studia Spinozana*, 1 (1985), pp. 259-75.

——, "Le problème de l'évolution de Spinoza du *Traité Théologico-Politique* au *Traité Politique*", *in* E. Curley and P.-F. Moreau (ed.), *Spinoza, Issues and Directions*, Leiden, Brill, 1990, pp. 258-70.

——, "L'indignation et le *conatus* de l'État spinoziste", *in* M. R. d'Allones et H. Risk (dir.), cit., pp. 153-65.

——, "Passions et institutions selon Spinoza", *in* Christan Lazzeri et Dominique Reynié (dir.), *La raison d'état: politique et rationalité*, Paris, PUF, 1992, pp. 141-70.

MEINSMA, K. O. (1896), *Spinoza et son cercle*, trad. S. Roosenburg, Paris, Vrin, 1983.
MOREAU, Pierre-François, "L'indexation du *Tractatus Politicus*", in *Cahiers Spinoza*, 1 (1977), pp. 229-33.
——, *Spinoza, l'expérience et l'éternité*, Paris, PUF, 1994.
MULLIER, Eco Haitsma, *The Myth of Venice and the Dutch Republican Thought in the Seventeenth Century*, Assen, Van Gorcum, 1980.
MORFINO, Vittorio, *Il tempo e l'occasione*, Milano, Edizioni Universitarie di Lettere, Economia, Diritto, 2002.
NEGRI, Antonio, *L'anomalia selvaggia*, Milano, Feltrinelli, 1981.
——, *Spinoza subversif*, Paris, Kimé, 1994.
PEÑA, Francisco Javier, *La filosofía política de Espinosa*, Universidad de Valladolid, 1989.
PROKHOVNIK, Raia, *Spinoza and Republicanism*, New York, Palgrave Macmillan, 2004.
PROIETTI, Omero, *Osservazioni, note e congetture sul testo latino e nederlandese del* TP, Università degli Studi di Macerata, 1995.
RICE, Lee C., "Spinoza on Individuation", *The Monist*, 55 (1971), pp. 640-59.
——, "Individual and Community in Spinoza's Social Psychology", *in* E. Curley and P.-F. Moreau (ed.), *Spinoza, Issues and Directions*, cit., pp. 271-85.
SCHAMA, Simon, *The Embarrassment of Riches, An Interpretation of Dutch Culture in the Golden Age*, New York, Randon House Inc., 1987.
SECRETAN, Catherine, "La réception de Hobbes aux Pays-Bas au XVIIe siècle", *in Studia Spinozana*, 3 (1987), pp. 27-46.
TERPSTRA, Marijn, "An Analysis of Power Relations and class relations in Spinoza's *Tractatus Politicus*", *in Studia Spinozana*, 9 (1993), pp. 79-106.
TOTARO, Pina, *Spinoziana, Ricerce di terminologia filosofica e critica testuale*, Firenze, Leo S. Olschki Editore, 1997.
UENO, Osama, "Spinoza et le paradoxe du contrat social de Hobbes: le reste", *in Cahiers Spinoza*, 6 (1990), pp. 269-96.
WALTHER, Manfred, "Negri on Spinoza's Political and Legal Philosophy", *in* E. Curley and P.-F. Moreau (ed.), *Spinoza, Issues and Directions*, cit., pp. 286-97.

Cronologia

1632. Nasce em Amsterdam, em 24 de novembro, Baruch (ou Benedictus) de Espinosa, de uma família, de origem ibérica, de prósperos comerciantes, cristãos novos reconvertidos ao judaísmo quando se refugiaram na Holanda, país calvinista ortodoxo e uma das únicas repúblicas europeias. Nessa época a Holanda vivia seu "século de ouro", tornava-se uma nação rica e poderosa, desenvolvendo-se econômica, política e culturalmente; por isso foi também um período marcado por conflitos externos (lutas com outros países pela hegemonia marítima e invasão às colônias espanholas) e internos (luta pelo poder entre o partido orangista, calvinista ortodoxo, e o partido republicano, calvinista liberal).

1639-50. Estuda na escola judaica de Amsterdam, onde, de início, é educado de acordo com uma linha mais liberal e humanista do judaísmo e, mais tarde, segundo o judaísmo ortodoxo. Nesses anos aprende hebreu e entra em contato com as obras dos mais importantes pensadores judeus (Abraão Ibn Ezra, Maimônides, Leão Hebreu, Chasdai Crescas, Delmedigo, Gersônides e os cabalistas).

1648. O Tratado da Vestfália põe fim à Guerra dos Trinta Anos. As Províncias Unidas (das quais a Holanda faz parte) assinam um tratado de paz separadamente, em que é reconhecida sua independência.

1652. Espinosa começa a seguir os cursos de Francis van den Enden, ex-jesuíta, livre-pensador, estudioso da filosofia clássica, poeta e dramaturgo, com quem estuda latim, grego, ciências naturais, filosofia neoescolástica e filosofia e ciências cartesianas.

Início da primeira Guerra Anglo-Holandesa, motivada pela disputa da hegemonia marítima, e que durará até 1654.

1653. Jan de Witt torna-se grande pensionário da Holanda.

1654. Morre o pai de Espinosa, de cujos negócios Espinosa e seu irmão já se ocupavam; segue-se uma disputa com uma de suas irmãs pela herança do pai, à qual Espinosa acaba por renunciar, apesar de ter ganho de causa.

Espinosa começa a lecionar na escola de Van den Enden.

1655. Começa a frequentar reuniões de judeus liberais críticos, como os seminários filosóficos promovidos pelo médico Juan de Prado e pelo poeta Daniel Ribera. É acusado de heresia pela comunidade judaica holandesa, fanática e ortodoxa, que se contrapõe aos judeus reconvertidos (ex-cristãos novos), de formação mais humanista e liberal.

1656. Um judeu fanático tenta assassinar Espinosa.

Em julho Espinosa é excomungado e expulso da comunidade judaica de Amsterdam, por ter ideias consideradas heterodoxas e por suas ligações com livres-pensadores.

1656-58. Expulso da comunidade judaica, Espinosa entra em contato com grupos cristãos: primeiramente com *quakers* ingleses e depois com os colegiantes (entre eles, políticos e editores), calvinistas não ortodoxos que, defendendo uma política de paz e uma economia liberal, se opõem aos partidários do orangismo, calvinistas ortodoxos a favor da dominação do Estado pela Igreja e que condenavam o desenvolvimento econômico, por considerarem-no contrário à Bíblia. Os colegiantes reuniam-se para estudar a Bíblia; alguns dos participantes desse grupo garantiram uma pensão vitalícia para Espinosa.

Espinosa estabelece, também, relações com pessoas dos círculos científicos e culturais da Holanda.

1660. Muda-se para Rijnsburg.
Escreve o *Breve Tratado de Deus, do Homem e de sua Beatitude*.
Para se manter, Espinosa dá aulas e torna-se polidor de lentes ópticas.
A sinagoga de Amsterdam solicita oficialmente que as autoridades municipais denunciem Espinosa como uma ameaça à piedade e à moral.

1661. Inicia correspondência com Heinrich Oldenburg, que veio a ser secretário-geral da Royal Society (maior academia científica do século XVII).
Inicia a redação da *Ética*, "síntese de seu pensamento ontológico, antropológico e ético, modelo perfeito do sistema filosófico consumado, construído não para cantar a glória de Deus, mas para expressar a unidade do mundo e os poderes do homem na construção de sua própria liberdade e de sua própria alegria". Essa obra, que só será publicada após sua morte, terá grande importância e influência nas correntes filosóficas futuras.

1662. Conclui o *Tratado sobre a Reforma do Entendimento*, "uma crítica epistemológica da razão que introduz um autêntico método reflexivo", e que só será publicado após sua morte.

1663. Muda-se para Voorburg.
Publica *Princípios da Filosofia de Descartes*, obra que consistia em uma apresentação sistemática da filosofia de Descartes, com críticas, sugestões e aná-

lises de Espinosa para seu aprimoramento, com *Pensamentos Metafísicos*.
Espinosa inicia o contato com o físico Huygens.
1665. Início da segunda Guerra Anglo-Holandesa (que durará até 1667).
1668. Jan de Witt estabelece aliança com a Inglaterra e com a Suécia, impedindo a invasão francesa.
1670. Espinosa muda-se para Haia, onde se mantém graças a uma pensão concedida por seu amigo Jan de Witt. Publica anonimamente o *Tratado Teológico-Político*, análise da religião popular e crítica contundente do calvinismo ortodoxo do partido orangista. Nele defende a liberdade da filosofia, sem interferências religiosas ou políticas, defende a separação entre Estado e Igreja, entre política e religião, e entre filosofia e revelação. Assim como sua obra anterior, o *Tratado* recebe ataques violentos.
1671. Leibniz envia sua obra *Notitia Opticae Promoteae* para Espinosa, e este envia a Leibniz o *Tratado Teológico-Político*.
1672. A França invade a Holanda, dando início à Guerra da Holanda. Jan de Witt e seu irmão são linchados por serem considerados culpados da invasão francesa. Guilherme de Orange é nomeado *stathouder*. Amigos impedem Espinosa de se pronunciar publicamente contra esse fato, temendo por sua integridade.
1673. Para preservar sua independência intelectual e sua liberdade acadêmica, Espinosa recusa a cátedra de filosofia que lhe é oferecida na Universidade de Heidelberg.
Em maio, Espinosa parte para Utrecht, em missão diplomática, para tentar negociar a paz com a França, apoiado pelos regentes holandeses e a convite do próprio chefe militar francês, que acaba não o recebendo. Quando volta para Haia, consideram-no suspeito de ser espião francês.

Os franceses são finalmente expulsos da Holanda, após devastar grande parte de seu território.
1674. O *Tratado Teológico-Político* é proibido por um édito publicado pelo Estado holandês, juntamente com outros livros considerados contrários à religião do Estado.
1675. Espinosa conclui a *Ética*, mas desiste de publicá-la quando fica sabendo que, devido a rumores de que preparava um livro em que demonstrava que Deus não existia, os representantes da Igreja calvinista apelaram ao governo para impedir sua publicação. Mesmo assim, a *Ética* circulou entre seus amigos, em exemplares manuscritos.
Leibniz faz várias visitas a Espinosa. Além dele, Espinosa também recebe o filósofo e cientista Von Tschirnhaus.
1676-77. Escreve o *Tratado Político*, "um estudo dos fundamentos existenciais (o desejo) e racionais (o pacto social) da política", em que expõe sua teoria de Estado e projetos de constituição de estados monárquicos e aristocráticos, obra também publicada postumamente.
1677. Morre de tuberculose em Haia, em 21 de fevereiro.
Publicação da *Ética*, das *Correspondências*, do *Tratado sobre a Reforma do Entendimento*, do *Tratado Político* e de um *Compêndio de Gramática Hebraica*.
1678. O governo holandês publica um novo édito proibindo a divulgação da obra póstuma de Espinosa.
1687. Publicação do *Tratado sobre o Cálculo Algébrico do Arco-Íris* e de *Cálculo das Probabilidades*.

Nota sobre a presente edição

A tradução

À semelhança do que havíamos feito com o *TTP*, a presente tradução procura respeitar tão integralmente quanto possível o original latino que consta da edição de Carl Gebhardt, vol. III, pp. 269-360. Sendo um princípio obviamente vinculativo para qualquer tradutor, a fidelidade ao texto apresenta contudo algumas dificuldades específicas no caso do *TP*, em particular quando se tenta escrever em português, como em qualquer outra língua viva, conceitos que Espinosa escreveu numa língua morta, e morta não só do ponto de vista do uso corrente, como sobretudo do ponto de vista do léxico político[1]. Se, por um lado, é inadmissível um recurso sistemático à terminologia que se foi sedimentando nos últimos dois séculos e que, longe de reproduzir em vulgar o vocabulário latino, exprime realmente diferenças conceituais profundas, por outro, seria igualmente inibitório um literalismo tão escrupuloso que impedisse a compreensão do texto pelos seus destinatários. Encontramo-nos, por conseguinte, obrigados a uma

---

1. Sobre esta matéria, Paolo Cristofolini diz o essencial no seu artigo "Le parole-chiave del *Tratado Político* e le traduzione moderne", *in Spinoziana, Ricerche di terminologia filosofica e critica testuale*, a cura di Pina Totaro, Firenze, Leo S. Olshki Editore, 1997, pp. 23-38.

solução que, além dos riscos de todas as soluções intermédias, tem os das soluções forçosamente inovadoras: escrever no interior do português o que Espinosa verdadeiramente escreveu em latim.

Esta tarefa, já de si difícil em se tratando de línguas mortas, tem neste caso a agravante de se tratar de um léxico em fase de reconstrução. Espinosa, como se poderá verificar, já não pensa a política como ela se pensou na Antiguidade e na Idade Média, mas está ainda longe de conhecer os conceitos com os quais a pensamos hoje, por vezes longe até de possuir as palavras que diriam de forma não equívoca e precisa o que se adivinha no seu pensamento. Refazer agora essas pegadas hesitantes de uma filosofia que avançou pelos destroços de uma linguagem que já Maquiavel, um século e meio antes, havia começado a refazer, é um desafio cujo êxito nunca estará, nem por sombras, garantido. Tanto mais que, neste caso, à ruptura feita pelos modernos com os modos de pensar a política na Antiguidade, junta-se ainda a ruptura que Espinosa faz com esse pensamento moderno, que se apresentara em Hobbes de uma forma estruturalmente inexpugnável mas que, uma vez assimilado por uma ontologia que leva até o limite a recusa da transcendência, se desdobra num outro horizonte de possibilidades, as quais nem sempre se acomodam às categorias e ao vocabulário disponíveis. A conhecida identificação do pensamento político de Espinosa com o de Hobbes, que foi corrente até o século XX, releva também da dificuldade em reconstituir um percurso que ficou inacabado e onde é visível o tatear porventura inevitável quando existe algo que verdadeiramente se pensa de novo. Não há, porém, outra forma de traduzir um texto assim.

Alguns trabalhos de natureza lexicológica entretanto publicados têm vindo a reduzir a dimensão desse desafio e a possibilitar uma melhor compreensão e uma melhor tradução do tratado. Entre outros, devem referir-se os escritos de Pierre-François Moreau e René Bouveresse, Fokke Akkerman, Piet Steenbakkers, Paolo Cristofolini, Omero Proietti e Giuseppina Totaro, assim como algumas das mais recentes traduções em várias línguas, mencionadas na bibliografia. O texto que a seguir poderá ler-se deve muito a todos eles.

Para terminar, quero deixar também uma palavra muito especial de apreço e gratidão para André Santos-Campos, estudioso de Espinosa que leu o original e me confiou as suas pertinentes observações e críticas, ainda a tempo de eu as poder levar em conta.

DIOGO PIRES AURÉLIO

TRATADO POLÍTICO

Onde se demonstra como deve ser instituída uma sociedade em que tem lugar um estado monárquico, assim como aquela em que imperam os melhores, para não resvalarem para a tirania e para manterem invioladas a paz e a liberdade dos cidadãos.[1]

---

1. Subtítulo talvez acrescentado por autor anônimo, que consta já nas *Opera Postuma* (a seguir, *OP*), publicadas em 1677. Madeleine Francès (in Spinoza, *Oeuvres Complètes,* Paris, Gallimard, 1954, pp. 1485-6) considera-o, com algum exagero, um "tendencioso acrescento", vendo aqui o dedo de partidários da aristocracia que havia sido liderada por Jan de Witt. Na mesma linha, Lelia Pezillo (cit.) omite na sua tradução o discutido subtítulo. No essencial, porém, a frase sintetiza corretamente o tratado. A. Domínguez (cit., p. 77) anota que não vê as "incoerências ou tergiversações" que a tradutora francesa refere. P. Cristofolini (cit., pp. 15-8), a partir do recente trabalho lexicológico de Omero Proietti, avalia a polêmica e conclui, por seu turno, não ver qualquer impossibilidade em que o próprio Espinosa seja o autor daquilo que seria, nas suas palavras, uma "operação politicamente empenhada de tomar partido a favor de uma forma de regime aristocrático", numa Holanda em que as duas únicas alternativas realistas eram a monarquia e a aristocracia (cit., p. 18).

Carta do autor a um amigo[2], que poderá muito bem antepor-se e servir de prefácio a este Tratado Político

Caro amigo:

A sua amável carta foi-me entregue ontem. Agradeço-lhe sinceramente o cuidado tão diligente que tem para comigo. Não deixaria passar esta ocasião (...), se não estivesse ocupado numa certa coisa que julgo mais útil e que a si lhe dará, creio eu, maior satisfação, e que é a elaboração do Tratado Político que por sua sugestão comecei há algum tempo atrás. Deste tratado, já estão concluídos seis capítulos. O primeiro contém como que uma introdução à própria obra; o segundo trata do direito natural; o terceiro, do direito dos poderes soberanos; o quarto, de quais os assuntos políticos que dependem do governo dos poderes soberanos; o quinto, de qual o fim último e mais elevado que uma sociedade pode ter em vista; o sexto, de qual a proporcionalidade[3] em que deve ser instituído um estado[4]

....
2. *Ep.* 84, G IV, 335-336, com destinatário desconhecido, acrescentada ao tratado pelos editores das *OP*.
3. No original, *ratio*.
4. No original, *imperium*, termo que Espinosa reserva para aquilo que, hoje em dia, corresponde aproximadamente ao conceito de estado, embora também o utilize para o simples mando ou domínio, como a seu tempo anotaremos. Tal como acontece no original latino, redige-se "estado" com minúscula, entre outras razões porque o contrário poderia sugerir a plena autonomização do conceito, a qual não se verifica no texto.

monárquico para não resvalar para a tirania. Presentemente, ocupo-me do sétimo capítulo, no qual demonstro metodicamente todos os aspectos do anterior capítulo respeitantes à ordem de uma monarquia bem-ordenada. Passarei depois ao estado aristocrático e ao popular, e, finalmente, às leis e a outras questões particulares respeitantes à política.

Com isto, envio as minhas saudações (...).

A partir daqui, o objetivo do autor é óbvio. Mas, impedido pela doença e arrebatado pela morte, não pôde levar esta obra mais além do fim da aristocracia, conforme o próprio leitor se aperceberá.

[Nota dos editores das *OP.*]

Capítulo I

1. Os filósofos concebem os afetos[1] com que nos debatemos como vícios em que os homens incorrem por culpa própria. Por esse motivo, costumam rir-se deles, chorá-los, censurá-los ou (os que querem parecer os mais santos) detestá-los. Creem, assim, fazer uma coisa divina e atingir o cume da sabedoria quando aprendem a louvar de múltiplos modos uma natureza humana que não existe em parte alguma e a fustigar com sentenças aquela que realmente existe. Com efeito, concebem os homens não como são, mas como gostariam que eles fossem. De onde resulta que, as mais das vezes, tenham escrito sátira em vez de ética e que nunca tenham concebido política que possa ser posta em aplicação, mas sim política que é tida por quimera ou que só poderia instituir-se na utopia ou naquele século de ouro dos poetas, onde sem dúvida não seria mi-

----

1. Conceito eminentemente espinosano, os afetos são a expressão do relacionamento de cada homem com os outros e com o meio. Não estamos, repare-se, perante uma repetição do tradicional combate da razão com as paixões que arrastariam o homem para o mal. Em Espinosa, afeto é simplesmente afecção e ideia de afecção, choque de dois corpos em movimento de que resulta sempre uma afetividade ou grau de intensidade, seja negativa – as "paixões tristes", como o ressentimento e a amargura, que diminuem a potência do indivíduo – seja positiva – as "paixões alegres", como a coragem e o amor, que representam um acréscimo de potência. Cf. *E*, III, def. 3, G II, 139.

nimamente necessária[2]. Como, por conseguinte, se crê que em todas as ciências que têm aplicação, mormente a política, a teoria é discrepante da prática, considera-se que não há ninguém menos idôneo para governar uma república do que os teóricos ou filósofos.

2. Os políticos, pelo contrário, crê-se que em vez de cuidarem dos interesses dos homens lhes armam ciladas e, mais do que sábios, são considerados habilidosos. A experiência, na verdade, ensinou-lhes que, enquanto houver homens, haverá vícios. Daí que, ao procurarem precaver-se da malícia humana, por meio daquelas artes que uma experiência de longa data ensina e que os homens, conduzidos mais pelo medo que pela razão, costumam usar, pareçam adversários da religião, principalmente dos teólogos, os quais creem que os poderes soberanos devem tratar dos assuntos públicos segundo as mesmas regras da piedade que tem[3] um homem particular. É no entanto in-

[274]

....
2. Matheron sustenta que neste rol, mais ou menos universal ("as mais das vezes"), em que Espinosa inclui os filósofos que o precederam a falar de política estaria incluído também o próprio Hobbes. Cf. Alexandre Matheron, "Spinoza et la décomposition de la politique thomiste", *in Archivo di Filosofia*, 1978, n.º 1, pp. 29-59, reed. *in Anthropologie et Politique au XVIIe Siècle, Études sur Spinoza*, cit., pp. 49-79, em especial pp. 77-9. À luz de uma hermenêutica do texto hobbesiano, a tese poderá sustentar-se, muito embora a afirmação de Espinosa esteja num tom que não deixa transparecer a pretensão de radicalidade que ela lhe atribui.

3. *Tenetur*. Sobre a tradução deste verbo, que se destina a salvaguardar o entendimento que Espinosa tem das relações entre indivíduo e normas, levaram-se em consideração as pertinentes observações de Lee Rice, no texto intitulado "Spinoza's Notion of *Tenere in* His Moral and Political Thought", *in* Marcel Senn/Manfred Walther (orgs.), *Ethik, Recht und Politik bei Spinoza*, cit., pp. 139-56, para o qual André Santos-Campos nos alertou. Comentando uma das ocorrências do termo na *Ética* (*E*, IV, prop. 37, esc. 2), escreve, efetivamente, Lee Rice: "Of course it would be grossing misleading to translate '*tenetur*' as a form of moral obligation, since moral obligation is here claimed to arise from it. For '*tenetur*' in this passage, the two most reliable translators of Spinoza (Samuel Shirley and Edwin Curley) have 'bound', but that may still suggest a moral sense of obligation; 'is held' is clearly a

questionável que os políticos escreveram sobre as coisas políticas de maneira muito mais feliz que os filósofos. Dado, com efeito, que tiveram a experiência por mestra, não ensinaram nada que se afastasse da prática.

3. E, por mim, estou sem dúvida plenamente persuadido de que a experiência já mostrou todos os gêneros de cidades que se podem conceber para que os homens vivam em concórdia, bem como os meios com que a multidão deve ser dirigida ou contida dentro de certos limites, de tal modo que não creio que nós possamos chegar, através da especulação sobre esta matéria, a algo que não repugne à experiência ou à prática e que ainda não tenha sido experimentado e descoberto. Com efeito, os homens são constituídos de tal maneira que não podem viver sem algum direito[4] comum; porém os direitos comuns e os assuntos públicos foram instituídos e tratados por homens agudíssimos, quer astutos, quer hábeis, e por isso é difícil acreditar que possamos conceber alguma coisa aplicável a uma sociedade comum que a ocasião ou o acaso não tivessem já mostrado e que homens atentos aos assuntos comuns e ciosos da sua própria segurança não tivessem visto.

4. Quando, por conseguinte, apliquei o ânimo à política, não pretendi demonstrar com razões certas e indubitáveis, ou deduzir da própria condição da natureza humana, algo que seja novo ou jamais ouvido, mas só aquilo

---

....
more literal translation of the Latin, and can be taken, at least for the moment, as more appropriate" (cit., p.142).

4. A palavra *jus* denota quer o que em linguagem corrente se chama "direito", quer o que se chama "leis". Apesar de alguma perplexidade que possa gerar em muitas passagens em que surge nesta última acepção, como é aqui o caso, a fidelidade ao texto leva a que se traduza sempre por "direito". Afinal, do ponto de vista de Espinosa, a lei é sempre a expressão de um direito, ou seja, de uma potência, a potência da multidão.

que mais de acordo está com a prática. E, para investigar aquilo que respeita a esta ciência com a mesma liberdade de ânimo que é costume nas coisas matemáticas, procurei escrupulosamente não rir, não chorar, nem detestar as ações humanas, mas entendê-las. Assim, não encarei os afetos humanos, como são o amor, o ódio, a ira, a inveja, a glória, a misericórdia e as restantes comoções do ânimo, como vícios da natureza humana, mas como propriedades que lhe pertencem, tanto como o calor, o frio, a tempestade, o trovão e outros fenômenos do mesmo gênero pertencem à natureza do ar, os quais, embora sejam incômodos, são contudo necessários e têm causas certas, mediante as quais tentamos entender a sua natureza. E a mente regozija-se tanto com a verdadeira contemplação destes fenômenos como com o conhecimento das coisas que são agradáveis aos sentidos.

5. É, pois, certo – e na nossa *Ética* demonstramos ser verdadeiro – que os homens estão necessariamente sujeitos aos afetos e são constituídos de tal maneira que se compadecem de quem está mal e invejam quem está bem; são mais propensos à vingança que ao perdão; e, além disso, cada um deseja que os outros vivam segundo o engenho dele, aprovem o que ele próprio aprova e repudiem o que ele próprio repudia. Donde resulta que, como todos desejam igualmente ser os primeiros, acabem em contendas, se esforcem quanto podem por oprimir-se uns aos outros e o que sai vencedor se vanglorie mais daquilo em que prejudicou o outro do que daquilo que ele próprio beneficiou. E, embora estejam todos persuadidos de que a religião ensina, pelo contrário, que cada um ame o próximo como a si mesmo, isto é, que defenda o direito do outro tanto como o seu, mostramos contudo que esta persuasão pouco pode perante os afetos. Prevalece, é verdade, na hora da morte, quando a doença já venceu os próprios afetos e o homem jaz exangue, ou nos templos,

onde os homens não têm nenhuma relação, mas não na praça pública, ou na corte, onde seria extremamente necessária. Mostramos, além disso, que a razão pode certamente muito a reprimir e a moderar os afetos; mas vimos também que o caminho que a mesma razão ensina é extremamente árduo; de tal modo que aqueles que se persuadem de poder induzir, quer a multidão, quer os que se confrontam nos assuntos públicos, a viver unicamente segundo o que a razão prescreve, sonham com o século dourado dos poetas, ou seja, com uma fábula.

6. Por conseguinte, um estado cuja salvação[5] depende da lealdade de alguém[6] e cujos assuntos só podem ser corretamente geridos se aqueles que deles tratam quiserem agir lealmente, não terá a mínima estabilidade. Ao invés, para que ele possa durar, as suas coisas públicas devem estar ordenadas de tal maneira que aqueles que as administram, quer se conduzam pela razão, quer pelo afeto, não possam ser induzidos a estar de má-fé ou a agir desonestamente. Nem importa, para a segurança do estado, com que ânimo os homens são induzidos a administrar corretamente as coisas, contanto que as coisas sejam corretamente administradas. A liberdade de ânimo, ou fortaleza, é com efeito uma virtude privada, ao passo que a segurança é a virtude do estado.

....
5. Termo com ressonâncias religiosas que, em contexto político, já quase não se emprega no português atual, salvo ocorrências, raras, como a "salvação da pátria", ou a "Junta de Salvação Nacional". Em outras línguas, como o francês, por exemplo, a amplitude da significação original da palavra mantém-se (*vide* a expressão *le salut publique*, que corresponde ao *salus populi*). Optamos, apesar disso, mesmo com o risco de arcaísmo, por traduzir literalmente, a fim de preservar essa amplitude semântica, que fica irremediavelmente comprometida quando se traduz por "bem comum", ou por "interesse público".

6. No original, *ab alicuius fide*. Traduzimos *fides* por "lealdade" ou, em contextos bem definidos, por "palavra dada", duas das acepções do termo em latim que aparecem frequentemente no léxico político.

[276] 7. Finalmente, uma vez que todos os homens, sejam bárbaros ou cultos, onde quer que se juntem formam costumes e um estado civil[7], as causas e fundamentos naturais do estado não devem pedir-se aos ensinamentos da razão, mas deduzir-se da natureza ou condição comum dos homens, coisa que me proponho fazer no capítulo seguinte.

---

7. No original, *status civilis*. A expressão "estado civil", por oposição a "estado de natureza", encontra-se há muito consagrada na história do pensamento político, não justificando de maneira alguma a sua tradução por "sociedade civil", adotada por alguns tradutores, que tem um significado bem distinto em política, pelo menos depois de Hegel. *Status*, aqui, é sinônimo de "situação", termo pelo qual, de resto, traduzimos esta palavra, salvo nas referidas expressões ou em outras que ainda prevalecem no português atual, tais como "estado das coisas" e "estado de guerra", e que se traduziram literalmente.

Capítulo II

1. No nosso *Tratado Teológico-Político* tratamos do Direito Natural e do Direito Civil, e na nossa *Ética* explicamos o que é o pecado, o mérito, a justiça, a injustiça e, finalmente, a liberdade humana. Mas para que os que leem o presente tratado não tenham o trabalho de ir procurar noutros aquelas coisas que respeitam mormente a este, proponho-me explicá-las de novo aqui e demonstrá-las apoditicamente.

2. Qualquer coisa natural pode conceber-se adequadamente, quer exista ou não exista, pelo que o princípio da existência das coisas naturais, tal como a sua perseverança na existência, não pode concluir-se da sua definição. Com efeito a sua essência ideal depois de começarem a existir é a mesma que era antes de existirem. Por conseguinte, da mesma forma que o princípio da sua existência não pode ser consequência da sua essência, assim também a sua perseverança na existência o não pode ser. Porém, para continuarem a existir precisam da mesma potência de que precisam para começar a existir. De onde se segue que a potência pela qual as coisas naturais existem, e pela qual consequentemente operam, não pode ser nenhuma outra senão a própria potência eterna de Deus. Com efeito, se fosse uma outra, criada, não poderia con-

servar-se a si própria, nem por conseguinte conservar as coisas naturais, mas precisaria também ela, para perseverar na existência, da mesma potência de que precisaria para ser criada.

3. A partir, pois, daqui, quer dizer, do fato de a potência pela qual existem e operam as coisas naturais ser a mesmíssima potência de Deus, entendemos facilmente o que é o direito de natureza. Com efeito, uma vez que Deus tem direito a tudo e que o direito de Deus não é senão a própria potência de Deus na medida em que se considera esta como absolutamente livre, segue-se daqui que qualquer coisa natural tem por natureza tanto direito quanta potência para existir e operar tiver, pois a potência de cada coisa natural, pela qual ela existe e opera, não é outra senão a própria potência de Deus, que é absolutamente livre.

4. Assim, por direito de natureza entendo as próprias leis ou regras da natureza segundo as quais todas as coisas são feitas, isto é, a própria potência da natureza, e por isso o direito natural de toda a natureza, e consequentemente de cada indivíduo, estende-se até onde se estende a sua potência. Consequentemente, aquilo que cada homem faz segundo as leis da sua natureza fá-lo segundo o supremo direito de natureza e tem tanto direito sobre a natureza quanto o valor da sua potência.

5. Se, portanto, a natureza humana fosse constituída de tal maneira que os homens vivessem unicamente segundo o prescrito pela razão, sem se esforçarem por outras coisas, então o direito de natureza, na medida em que se considera ser próprio do gênero humano, seria determinado só pela potência da razão. Porém os homens são conduzidos mais pelo desejo cego do que pela razão, e por conseguinte a sua potência ou direito natural deve defi-

nir-se não pela razão, mas por qualquer apetite pelo qual eles são determinados a agir e com o qual se esforçam por conservar-se. Reconheço, sem dúvida, que aqueles desejos que não nascem da razão não são tanto ações como paixões humanas. Mas uma vez que estamos aqui a tratar da potência ou direito universal da natureza, não podemos admitir nenhuma diferença entre os desejos que em nós são gerados pela razão e os que são gerados por outras causas, pois tanto estes como aqueles são efeitos da natureza e explicam a força natural pela qual o homem se esforça por perseverar no seu ser. O homem, com efeito, seja sábio ou ignorante, é parte da natureza e tudo aquilo por que cada um é determinado a agir deve atribuir-se à potência da natureza, na medida em que esta pode definir-se pela natureza deste ou daquele homem. Porque o homem, quer se conduza pela razão ou só pelo desejo, não age senão segundo as leis e as regras da natureza, isto é *(pelo art. 4 do presente cap.)*, por direito de natureza.

6. Porém, a maioria crê que os ignorantes perturbam mais a ordem da natureza do que a seguem, e concebe os homens na natureza como um estado dentro do estado. Com efeito, proclamam que a mente humana não é produzida por nenhumas causas naturais, mas criada imediatamente por Deus e tão independente das outras coisas que tem o poder absoluto de se autodeterminar e usar retamente da razão. A experiência, no entanto, ensina superabundantemente que não está mais em nosso poder possuir mente sã que possuir corpo são. Depois, na medida em que cada coisa se esforça, tanto quanto está em si, por conservar o seu ser, não podemos de forma alguma duvidar de que, se estivesse tanto em nosso poder vivermos segundo os preceitos da razão como conduzidos pelo desejo cego, todos se conduziriam pela razão e organizariam sabiamente a vida, o que não acontece minimamente,

[278]

pois cada um é arrastado pelo seu prazer. E nem os teólogos eliminam esta dificuldade, ao estabelecerem que a causa desta impotência é o vício ou pecado da natureza humana, cuja origem foi a queda do primeiro antepassado. Com efeito, se estava também em poder do primeiro homem tanto resistir como cair, e se ele era dono da mente e de natureza íntegra, como pôde acontecer que, ciente e prudente, ele tenha caído? Dizem que foi enganado pelo diabo. Mas quem foi que enganou o próprio diabo? Quem, digo eu, o tornou tão demente, a ele que era a mais excelsa de todas as criaturas inteligentes, para querer ser maior do que Deus? Não se esforçava ele, que tinha mente sã, por conservar, tanto quanto estava em si, o seu ser? Além disso, como pôde acontecer que o próprio primeiro homem, que era dono da mente e senhor da sua vontade, fosse seduzido e consentisse ser privado da mente? Com efeito, se teve o poder de usar corretamente da razão, não pode ter sido enganado, pois se esforçou necessariamente, tanto quanto estava em si, por conservar o seu ser e a sua mente sã. Ora, é suposto que ele tivesse isto em seu poder; logo, conservou necessariamente a sua mente sã e não pode ter sido enganado. O que consta, da sua história, ser falso. Há, portanto, que confessar que não esteve em poder do primeiro homem usar corretamente da razão e que, tal como nós, ele esteve submetido aos afetos.

7. Ninguém, no entanto, pode negar que o homem, tal como os restantes indivíduos, se esforce, tanto quanto está em si, por conservar o seu ser. Com efeito, se alguma diferença pudesse aqui conceber-se, ela deveria ter origem no fato de o homem ter vontade livre. Mas quanto mais livre o homem é concebido por nós, mais obrigados somos a admitir que ele deve necessariamente conservar-se a si próprio e ser dono da mente, o que facilmente me concederá quem não confunda a liberdade com a contingência.

Porque a liberdade é uma virtude, ou seja, uma perfeição: [279] por isso, tudo quanto no homem é sinal de impotência não pode ser atribuído à sua liberdade. Daí que o homem não possa minimamente dizer-se livre por poder não existir ou não usar da razão, mas só na medida em que tem o poder de existir e de operar segundo as leis da natureza humana. Quanto mais livre, pois, consideramos ser o homem, menos podemos dizer que ele pode não usar da razão e escolher o mal em vez do bem; por isso Deus, que existe, entende e opera com absoluta liberdade, também existe, entende e opera necessariamente, ou seja, por necessidade da sua natureza. Não há com efeito dúvida de que Deus opera com a mesma liberdade com que existe. Por conseguinte, tal como existe por necessidade da sua própria natureza, assim também age por necessidade da sua própria natureza, isto é, age com absoluta liberdade.

8. Concluímos, assim, que não está em poder de cada homem usar sempre da razão e estar no nível supremo da liberdade humana. E contudo cada um esforça-se sempre, tanto quanto está em si, por conservar o seu ser, e (uma vez que cada um tem tanto direito quanto a sua potência vale) tudo aquilo por que cada um, sábio ou ignorante, se esforça e faz, esforça-se e faz por supremo direito de natureza. Donde se segue que o direito e instituição[1] da natu-

---

1. *Institutum*: a tradução literal reforça a tese central da política espinosana, que vê no "estado civil" a continuação do "estado de natureza", desvalorizando assim a antinomia corrente entre o que é da natureza e o que é das instituições. *Institutum* é simplesmente o que é colocado, estabelecido, seja pelo homem ou pela natureza, a qual institui enquanto causa imanente. Nesse sentido, poder-se-ia também interpretar as suas instituições como "desígnios da natureza", não fosse esta última expressão conotar misteriosas causalidades absolutamente estranhas ao espinosismo. É, contudo, essa acepção que transparece em duas ocorrências (*TP*, VIII, 31, e XI, 4), onde o termo *institutum* designa algo como um plano de trabalho e onde, por manifesta impossibilidade de traduzir por instituição, optamos por traduzir por "desígnio".

reza, sob o qual todos os homens nascem e na maior parte vivem, não proíbe senão aquilo que ninguém deseja e que ninguém pode, não se opondo a contendas, ódios, ira, dolos, nem a absolutamente nada a que o apetite persuada. E nem é de admirar. Com efeito a natureza não está limitada pelas leis da razão humana, as quais não se destinam senão à verdadeira utilidade e à conservação dos homens, mas por uma infinidade de outras leis, que respeitam à ordem eterna de toda a natureza, da qual o homem é uma partícula, e só por cuja necessidade todos os indivíduos são determinados a existir e a operar de um certo modo. Por conseguinte, tudo aquilo que na natureza nos parece ridículo, absurdo ou mau, é assim porque só parcialmente conhecemos as coisas e ignoramos na maior parte a ordem e coerência de toda a natureza, e porque queremos que todas as coisas sejam dirigidas pelo que prescreve a nossa razão, quando aquilo que a razão diz ser mau não é mau em relação à ordem e às leis da natureza universal, mas unicamente em relação às leis da nossa natureza.

[280] 9. Segue-se, além disso, que cada um está sob jurisdição de outrem[2] na medida em que está sob o poder de

---
2. No original, *esse alieni juris*. Logo a seguir, surge por contraposição o conceito de *esse sui juris*, que traduzimos por "estar sob jurisdição de si próprio". Trata-se de um binômio essencial no tratado, expresso em termos importados do direito romano privado e, em boa medida, intraduzíveis nas línguas de hoje. A opção adotada é, apesar de tudo, a que me parece mais próxima da concepção espinosana, se bem que se lhe possa apontar a "infidelidade" de, ao traduzir "direito" por "jurisdição", acrescentar algo que não está no original, a saber, a *dictio*, a proclamação pública que faz da *jurisdictio* algo mais que um simples *jus* e, desse modo, reduz a jurisdição à esfera pública. Não creio, porém, que algo de essencial do pensamento do autor seja afetado por esta reconhecida "infidelidade", que tem, por outro lado, a vantagem de permitir uma leitura não anacrônica e mais fluida em português. Espinosa, realmente, transfere as designações do direito romano para o interior de uma concepção diferente do problema jurídico. Assim, ao definir o direito pela potência, a distinção entre o *jus* e a *jurisdictio* torna-se uma simples *opinio*, sem fundamento ontológico: todo o direito ou é objeti-

outrem, e está sob jurisdição de si próprio na medida em que pode repelir toda a força, vingar como lhe parecer[3] um dano que lhe é feito e, de um modo geral, na medida em que pode viver segundo o seu próprio engenho.

10. Tem um outro sob seu poder quem o detém amarrado, ou quem lhe tirou as armas e os meios de se defender ou de se evadir, quem lhe incutiu medo ou quem, mediante um benefício, o vinculou de tal maneira a si que ele prefere fazer-lhe a vontade a fazer a sua, e viver segundo o parecer dele a viver segundo o seu. Quem tem um outro em seu poder sob a primeira ou a segunda destas formas, detém só o corpo dele, não a mente; mas quem o tem sob a terceira ou a quarta forma fez juridicamente seus, tanto a mente como o corpo dele, embora só enquanto dura o medo ou a esperança; na verdade, desaparecida esta ou aquele, o outro fica sob jurisdição de si próprio.

11. Também a faculdade de julgar pode estar sob jurisdição de outrem, na medida em que a mente pode ser enganada por outrem. Donde se segue que a mente está totalmente sob jurisdição de si própria quando pode usar retamente da razão. Mais ainda, uma vez que a potência humana deve ser avaliada não tanto pela robustez do corpo quanto pela fortaleza da mente, segue-se que estão ma-

....
vo, e, nessa medida, é de algum modo jurisdição, ou não é objetivo, e, nesse caso, não é verdadeiro direito. Tanto assim é que, no estado de natureza, ninguém é realmente *sui juris* e, no estado civil, ninguém o é inteiramente, visto estarem todos, por definição, limitados pelo direito comum. Fora do direito internacional, a operacionalidade do conceito centra-se, pois, unicamente nos domínios em que, por não estarem contemplados na lei, há indivíduos que são mais *sui juris* que outros, visto que têm mais hipóteses – econômicas, culturais, etc. – de decidirem a seu gosto, podendo até haver quem, por não possuir tais condições, seja na prática *alieni juris*. Cf. A. Matheron, *Anthropologie et politique au XVIIe Siècle*, cit., p. 197.

3. No original, *ex sui animi sententia*.

ximamente sob a sua própria jurisdição aqueles que maximamente se distinguem pela razão e que maximamente são por ela conduzidos; e por isso chamo totalmente livre ao homem na medida em que ele é conduzido pela razão, visto que assim ele é determinado a agir por causas que só pela sua natureza se podem entender adequadamente, se bem que seja por elas necessariamente determinado a agir. Com efeito, a liberdade *(como mostramos no art. 7 deste cap.)* não tira, antes põe, a necessidade de agir.

12. A palavra dada[4] a alguém, pela qual alguém se comprometeu só por palavras a fazer esta ou aquela coisa que pelo seu direito podia não fazer, ou vice-versa, permanece válida só enquanto não se mudar a vontade daquele que fez a promessa. Com efeito, quem tem o poder de romper uma promessa, esse realmente não cedeu o seu direito mas deu só palavras. Se, por conseguinte, ele próprio, que por direito de natureza é juiz de si mesmo, julgar, certa ou erradamente (pois errar é humano), que da promessa feita resultam mais danos que vantagens, considerará que de acordo com o seu parecer ela deve ser rompida, e por direito de natureza *(pelo art. 9 deste cap.)* rompê-la-á.

[281]

13. Se dois se põem de acordo e juntam forças, juntos podem mais, e consequentemente têm mais direito sobre a natureza do que cada um deles sozinho; e quantos mais assim estreitarem relações, mais direito terão todos juntos.

14. Quanto mais os homens se debatem com a ira, a inveja ou algum afeto de ódio, mais se deixam arrastar de um lado para o outro e estão uns contra os outros, pelo que são tanto mais de temer quanto mais podem e quan-

---
4. Cf. cap. I, 6, n. 6.

to mais hábeis e astutos são que os restantes animais. E uma vez que os homens estão a maior parte do tempo *(como dissemos no art. 5 do cap. ant.)* sujeitos por natureza a tais afetos, os homens são por natureza inimigos. Com efeito, o meu maior inimigo é aquele a quem mais devo temer e de quem mais me devo precaver.

15. Como, porém *(pelo art. 9 deste cap.)*, no estado natural cada um está sob jurisdição de si próprio na medida em que pode precaver-se de modo a não ser oprimido por outro, e como um sozinho em vão se esforçaria por precaver-se de todos, segue-se que o direito natural do homem, enquanto é determinado pela potência de cada um e é de cada um, é nulo e consiste mais numa opinião que numa realidade, porquanto não há nenhuma garantia de o manter. E o certo é que cada um pode tanto menos e, consequentemente, tem tanto menos direito quanto mais razão tem para temer. A isto acresce que os homens, sem o auxílio mútuo, dificilmente podem sustentar a vida e cultivar a mente. E, assim, concluímos que o direito de natureza, que é próprio do gênero humano, dificilmente pode conceber-se a não ser onde os homens têm direitos comuns e podem, juntos, reivindicar para si terras que possam habitar e cultivar, fortificar-se, repelir toda a força e viver segundo o parecer comum de todos eles. Com efeito *(pelo art. 13 deste cap.)*, quantos mais forem os que assim se põem de acordo, mais direito têm todos juntos. E se é por esta razão, a saber, porque os homens no estado natural dificilmente podem estar sob jurisdição de si próprios, que os escolásticos querem chamar ao homem um animal social, nada tenho a objetar-lhes.

16. Onde os homens têm direitos comuns e todos são conduzidos como que por uma só mente, é certo *(pelo art. 13 deste cap.)* que cada um deles tem tanto menos direito quanto os restantes juntos são mais poten-

[282] tes[5] que ele, ou seja, não tem realmente sobre a natureza nenhum direito para além daquele que o direito comum lhe concede. Quanto ao mais, tem de executar aquilo que por consenso comum lhe é ordenado, ou *(pelo art. 4 deste cap.)* é coagido a isso pelo direito.

17. Este direito que se define pela potência da multidão costuma chamar-se estado. E detém-no absolutamente quem, por consenso comum, tem a incumbência da república, ou seja, de estatuir, interpretar e abolir direitos, fortificar as urbes[6], decidir sobre a guerra e a paz, etc. E se esta incumbência pertencer a um conselho que é composto pela multidão comum, então o estado chama-se democracia; mas, se for composto só por alguns eleitos, chama-se aristocracia; e se, finalmente, a incumbência da república e, por conseguinte, o estado estiver nas mãos de um só, então chama-se monarquia.

18. Por aquilo que mostramos neste capítulo, é claro que no estado natural não se dá o pecado[7], ou, se alguém peca, peca contra si, não contra outrem, porquanto nin-

---

5. Traduzimos literalmente *potentes*. A distinção entre *potentia* e *potestas,* potência e poder, é, com efeito, uma das traves mestras do *TP,* na qual se sustenta a tese de que o direito se define pela potência.

6. A urbe, *urbs*, é um conjunto de construções e muralhas, que se distingue da cidade, *civitas,* a qual é, por sua vez, um conjunto de cidadãos. Espinosa utiliza ambos os termos. Um século mais tarde, Rousseau sentirá necessidade de acrescentar uma nota no *Contrato Social,* I, VI, a lamentar que o sentido de "cidade" já quase tenha desaparecido "entre os modernos", lembrando que "as casas fazem a urbe *(ville),* mas os cidadãos fazem a cidade *(cité)*".

7. Tal como o conceito de salvação, o de pecado é aqui utilizado em contexto exclusivamente jurídico-político. A insuficiência de outras soluções (p. ex., "transgressão"), que atenuariam a estranheza causada por um termo hoje em dia usado apenas em contexto religioso mas que em várias das ocorrências se revelariam inadequadas, leva a que se prefira, à semelhança dos mais recentes tradutores do *TP,* uma tradução literal. Acreditamos, além do mais, que o arcaísmo não impede uma leitura fluente e inequívoca.

guém, a não ser que queira, tem por direito natural de fazer a vontade a outrem, nem de ter por bom ou por mau senão aquilo que ele próprio, pelo seu engenho, discerne ser bom ou mau. E não há absolutamente nada proibido pelo direito de natureza a não ser aquilo que a ninguém é possível *(ver arts. 5 e 8 deste cap.)*. O pecado, porém, é a ação que não se tem o direito de fazer. Porque, se os homens, por instituição da natureza, tivessem de conduzir-se pela razão, todos eles se conduziriam necessariamente pela razão. Na verdade, as instituições da natureza são instituições de Deus *(ver arts. 2 e 3 deste cap.)*, que Deus instituiu com a mesma liberdade com que existe e que, além disso, resultam da necessidade da natureza divina, sendo por conseguinte eternos e não podendo ser violados. Contudo, os homens são sobretudo conduzidos pelo apetite irracional, e nem por isso perturbam a ordem da natureza, antes a seguem necessariamente. Daí que o ignorante e o pusilânime, segundo o direito de natureza, não tenham de organizar a vida sabiamente mais do que um doente tem de ser de corpo são.

19. Assim, o pecado não pode conceber-se senão no estado, ou seja, onde o que é bom e o que é mau é determinado com base no direito comum de todo o estado e onde ninguém *(pelo art. 16 deste cap.)* faz segundo o direito senão aquilo que faz segundo o decreto ou consenso comum. É, com efeito, pecado *(como dissemos no art. ant.)* o que não se tem o direito de fazer ou o que é proibido no direito; a obediência, porém, é a vontade constante de cumprir aquilo que é bom segundo o direito e que, segundo o decreto comum, deve fazer-se.

20. Costumamos, contudo, chamar também pecado àquilo que é contra o ditame da sã razão, e obediência à vontade constante de moderar os apetites conforme o preceituado pela razão; o que eu aprovaria totalmente, se a

liberdade humana consistisse na licença do apetite e a servidão no império da razão. Mas porque a liberdade humana é tanto maior quanto mais o homem é conduzido pela razão e o apetite pode ser moderado, não podemos, a não ser muito impropriamente, chamar obediência à vida racional e pecado àquilo que realmente é impotência da mente mas não licença contra ela mesma, e por isso o homem pode antes dizer-se servo que dizer-se livre *(ver arts. 7 e 11 deste cap.)*.

21. Todavia, porque a razão ensina a praticar a piedade e a ser de ânimo tranquilo e bom, o que não pode acontecer senão no estado; porque, além disso, não se pode fazer que a multidão seja conduzida como que por uma só mente, conforme se requer no estado, a não ser que tenha direitos que sejam instituídos segundo o prescrito pela razão, não é assim tão inapropriado os homens, que estão habituados a viver num estado, chamarem pecado àquilo que é contra o ditame da razão, na medida em que os direitos do melhor estado *(ver art. 18 deste cap.)* devem ser instituídos de acordo com o ditame da razão. Quanto ao motivo por que eu disse *(art. 18 deste cap.)* que o homem, no estado natural, se peca é contra si próprio, sobre isso veja-se o cap. IV, arts. 4 e 5, onde se mostra em que sentido podemos dizer que aquele que detém e possui por direito de natureza o estado se encontra submetido às leis e pode pecar.

22. No que toca à religião, é também certo que o homem é tanto mais livre e obedece tanto mais a si mesmo quanto mais ama a Deus e com ânimo mais íntegro lhe presta culto. De fato, na medida em que atendemos, não à ordem da natureza, que ignoramos, mas unicamente aos ditames da razão que concernem à religião, e ao mesmo tempo consideramos que estes nos são revelados por Deus, como se falasse dentro de nós, ou ainda, que eles foram

revelados como direitos aos profetas, então, falando em termos humanos, dizemos que obedece a Deus o homem que o ama com ânimo íntegro e que, pelo contrário, peca o que se conduz pela cega cupidez. Mas, entretanto, devemos lembrar-nos de que estamos em poder de Deus [284] como o barro está em poder do oleiro, o qual da mesma massa faz vasos para usos decorosos e vasos para usos indecorosos, e é por isso que o homem pode fazer alguma coisa contra estes decretos de Deus, na medida em que eles foram inscritos na nossa mente ou na dos profetas como direitos, mas não contra o eterno decreto de Deus, que está inscrito na natureza universal e que respeita à ordem de toda a natureza.

23. Tal como o pecado e a obediência estritamente tomada, assim também a justiça e a injustiça não podem conceber-se senão no estado. Com efeito, nada se dá na natureza que por direito possa dizer-se que é deste e não de outrem; pelo contrário, tudo é de todos, ou seja, de quem tem poder para reivindicá-lo para si. No estado, porém, onde se determina pelo direito comum o que é deste e o que é daquele, chama-se justo aquele em quem é constante a vontade de dar a cada um o seu, e injusto, pelo contrário, aquele que se esforça por fazer seu o que é de outrem.

24. Quanto ao mais, explicamos na nossa *Ética* que o louvor e o vitupério são afetos de alegria e de tristeza acompanhados pela ideia da virtude ou da impotência humana como sua causa.

Capítulo III

1. Diz-se civil a situação¹ de qualquer estado; mas ao corpo inteiro do estado chama-se cidade, e aos assuntos comuns do estado, que dependem da direção de quem o detém, chama-se república. Depois, chamamos cidadãos aos homens na medida em que, pelo direito civil, gozam de todas as comodidades da cidade, e súditos na medida em que têm de submeter-se às instituições ou leis da cidade. Finalmente, dão-se três gêneros de estado civil, a saber, o democrático, o aristocrático e o monárquico, como dissemos no art. 17 do capítulo anterior. Agora, antes de começar a tratar de cada um deles em separado, demonstrarei primeiro aquelas coisas que pertencem ao estado civil em geral, à cabeça das quais vem o direito soberano da cidade, ou dos poderes soberanos².

2. Do art. 15 do capítulo anterior resulta claro que o direito do estado, ou dos poderes soberanos, não é senão o próprio direito de natureza, o qual se determina pela potência, não já de cada um, mas da multidão, que é conduzida como que por uma só mente; ou seja, da mesma forma que cada um no estado natural, o corpo e a mente de

....
1. Cf. cap. I, 7, n. 7.
2. No original, *summum jus* e *summarum potestatum*.

todo o estado têm tanto direito quanto vale a sua potência. E assim, cada um, cidadão ou súdito, tem tanto menos direito quanto a própria cidade é mais potente que ele *(ver art. 16 do capítulo ant.)*, e consequentemente cada cidadão não faz ou possui por direito nada a não ser aquilo que pode defender por decreto comum da cidade.

3. Se a cidade concede a alguém o direito e, consequentemente, o poder (com efeito, de outro modo, segundo o art. 12 do capítulo anterior, só deu palavras) de viver consoante o seu engenho, cede por isso mesmo direito seu e transfere-o para aquele a quem deu tal poder; mas, se deu esse poder a dois ou mais, de modo que cada um deles viva segundo o seu engenho, dividiu por isso mesmo o estado; e se, finalmente, deu esse mesmo poder a cada um dos cidadãos, autodestruiu-se por isso mesmo e não mais permanecerá cidade, voltando todos ao estado natural, conforme resulta claríssimo de quanto se disse anteriormente. Segue-se, portanto, que por razão alguma é possível conceber que seja lícito a cada cidadão, por instituição da cidade, viver segundo o seu engenho, e, por conseguinte, este direito natural pelo qual cada um é juiz de si mesmo cessa no estado civil. Digo expressamente *por instituição da cidade*. Com efeito, o direito de natureza de cada um (se atentarmos corretamente no assunto) não cessa no estado civil. O homem, tanto no estado natural como no civil, age segundo as leis da sua natureza e atende ao seu interesse. O homem, sublinho, em ambos os estados, é pela esperança ou pelo medo que é conduzido a fazer[3] ou a omitir isto ou aquilo. A principal diferença entre um e outro estado é que no estado civil todos temem as mesmas coisas e é idêntica para todos a causa

---

3. *Agendum*: o mesmo verbo aparece duas linhas antes (*agit*), se bem que intransitivamente, enquanto aqui ele é transitivo, sendo por isso inviável, no português, traduzir identicamente em ambas as ocorrências.

de segurança e a regra de vida, o que certamente não retira a faculdade de julgar de cada um. Com efeito, quem decide acatar tudo o que a cidade manda, seja porque teme a potência desta ou porque ama a tranquilidade, esse atende realmente, de acordo com o seu engenho, à sua segurança e ao seu interesse.

4. Além disso, também não podemos conceber que a cada cidadão seja lícito interpretar os decretos ou direitos da cidade. Porque, se tal fosse lícito a cada um, ele seria por isso mesmo juiz de si próprio, na medida em que cada um poderia, sem nenhuma dificuldade, desculpar ou dourar os seus atos com uma aparência de direito e, consequentemente, instituiria a vida de acordo com o seu engenho, o que *(pelo art. ant.)* é absurdo. [286]

5. Vemos, pois, que cada cidadão não está sob jurisdição de si próprio mas da cidade, da qual tem de executar todas as ordens, nem tem direito algum de decidir o que é justo e o que é injusto, o que é piedoso e o que é ímpio; pelo contrário, uma vez que o corpo do estado deve ser conduzido como que por uma só mente, e por conseguinte a vontade da cidade deve ter-se por vontade de todos, aquilo que a cidade decide ser justo e bom deve ser considerado como se fosse decretado por cada um. Além disso, mesmo que o súdito considere serem injustos os decretos da cidade, tem não obstante de executá-los.

6. Mas pode-se objetar se não será contra o ditame da razão sujeitar-se totalmente ao juízo de outrem, e por conseguinte se o estado civil não repugnará à razão, de onde se seguiria que o estado civil era irracional e não podia ser criado senão por homens destituídos da razão, de modo nenhum por aqueles que se conduzem pela razão. Como, porém, a razão não ensina nada contra a natureza, a sã razão não pode ditar que cada um permaneça sob jurisdi-

ção de si próprio quando os homens estão submetidos aos afetos *(pelo art. 15 do cap. anterior)*, isto é *(pelo art. 5 do cap. I)*, a razão nega que tal possa acontecer. Além disso, a razão ensina absolutamente a procurar a paz[4], a qual não pode obter-se a não ser que os direitos comuns da cidade permaneçam inviolados, e por isso quanto mais o homem se conduzir pela razão, ou seja *(pelo art. 11 do cap. anterior)*, quanto mais livre for, mais constantemente observará os direitos da cidade e cumprirá as ordens do poder soberano, do qual é súdito. A isto acresce que o estado civil é naturalmente instituído para eliminar o medo comum e afastar as comuns misérias, visando portanto maximamente àquilo por que, no estado natural, ainda que em vão *(pelo art. 15 do cap. anterior)*, se esforçaria cada um dos que se conduzem pela razão. Por isso, se o homem que se conduz pela razão tiver, algumas vezes, de fazer a mando da cidade algo que ele sabe repugnar à razão, esse dano é de longe compensado pelo bem que aufere do estado civil. Com efeito, é também uma lei da razão que de dois males se escolha o menor, e por isso podemos concluir que ninguém faz alguma coisa contra o que prescreve a sua razão enquanto fizer aquilo que, segundo o direito da cidade, deve ser feito, coisa com que cada um mais facilmente concordará após termos explicado até onde se estende a potência e, por conseguinte, o direito da cidade.

[287]

7. Com efeito, há que ter em conta, em primeiro lugar, que assim como no estado natural *(pelo art. 11 do cap. anterior)* o homem mais potente e que mais está sob jurisdição de si próprio é aquele que se conduz pela razão,

---

4. Hobbes afirma no *Leviatã*, cap. XIV, trad., cit., p. 113: "É um preceito ou regra geral da razão que todo o homem deve esforçar-se por procurar a paz", acrescentando, no entanto, "na medida em que tenha esperança de a obter".

assim também a cidade mais potente e mais sob jurisdição de si própria será aquela que é fundada e dirigida pela razão. Com efeito, o direito da cidade determina-se pela potência da multidão que é conduzida como que por uma só mente. Porém esta união de ânimos não pode de maneira nenhuma conceber-se, a não ser que a cidade se oriente maximamente para o que a sã razão ensina ser útil a todos os homens.

8. Em segundo lugar, deve também ter-se em conta que os súditos não estão sob jurisdição de si próprios mas da cidade, na medida em que receiam a sua potência ou as suas ameaças, ou na medida em que amam o estado civil *(pelo art. 10 do cap. ant.)*. Donde se segue que tudo aquilo que ninguém pode ser induzido, por recompensas ou ameaças, a fazer não pertence aos direitos da cidade. Por exemplo, ninguém pode ceder a faculdade de julgar: efetivamente, com que recompensas ou ameaças pode o homem ser induzido a crer que o todo não é maior que uma sua parte, que Deus não existe, ou que o corpo, que ele vê que é finito, é um ser infinito e, de uma maneira geral, a acreditar em alguma coisa contrária àquilo que ele sente ou pensa? Da mesma forma, com que recompensas ou ameaças pode o homem ser induzido a amar quem ele odeia, ou a odiar quem ele ama? E, aqui, há também que referir aquelas coisas que a natureza humana abomina a tal ponto que as tem por piores que qualquer mal, como seja, o homem testemunhar contra si mesmo, torturar-se, matar os seus pais, não se esforçar por evitar a morte, e coisas semelhantes a que ninguém pode ser induzido, nem com recompensas, nem com ameaças. Porque, se quisermos contudo dizer que a cidade tem o direito, ou seja, o poder de ordenar[5] tais coisas, tal não pode conceber-se com ne-

---
....
5. Tal como os termos *imperium* e *status,* também o termo *ordo* e, por conseguinte, *ordinare* (pôr em ordem, organizar, determinar, ordenar) são

nhum outro sentido senão aquele em que se diria que o homem pode, por direito, enlouquecer e delirar: o que seria, efetivamente, esse direito senão um delírio a que ninguém pode estar adstrito? E falo aqui expressamente das coisas que não podem ser do direito da cidade e que a natureza humana em geral abomina. Com efeito, lá por um tolo ou um louco não poder ser induzido com nenhuma recompensa ou ameaça a executar ordens, e por um ou outro dos que estão ligados a esta ou àquela religião julgar que os direitos do estado são piores que todo o mal, nem por isso os direitos da cidade estão feridos de nulidade, porquanto os cidadãos em geral são por eles contidos. Por conseguinte, uma vez que os que nada tememos nem esperam estão de tal maneira sob jurisdição de si próprios *(pelo art. 10 do cap. ant.)*, eles são *(pelo art. 14 do cap. ant.)* inimigos do estado, os quais é lícito por direito coibir.

[288]

9. Em terceiro lugar, finalmente, deve ter-se em conta que pertence menos ao direito da cidade aquilo que provoca a indignação da maioria. É, com efeito, certo que os homens por inclinação da natureza conspiram, seja por causa de um medo comum, seja pelo desejo de vingar algum dano comumente sofrido. E uma vez que o direito da cidade se define pela potência comum da multidão, é certo que a potência e o direito da cidade diminuem na medida em que ela própria ofereça motivos para que vários conspirem. Há certamente coisas de que a cidade deve ter medo, e da mesma forma que cada cidadão ou cada homem no estado natural, assim também a cidade está tanto menos sob jurisdição de si própria quanto maior é

....
utilizados por Espinosa, como por Maquiavel, com uma flexibilidade semântica impossível de reproduzir nas línguas de hoje. A tradução literal é, apesar disso, a solução que consideramos mais adequada, tendo em conta que a opção por uma qualquer das acepções em que hoje o termo é usado limitaria a significação implicada no original.

o motivo que tem para temer. Isto quanto ao direito dos poderes soberanos sobre os súditos. Agora, antes de tratar do seu direito sobre os outros, parece que se deve resolver a questão que é costume levantar-se a respeito da religião.

10. Pode, com efeito, objetar-se-nos se o estado civil e a obediência dos súditos, a qual mostramos ser requerida no estado civil, não suprimem a religião, pela qual temos de prestar culto a Deus. Mas, se examinarmos o assunto em si mesmo, nada encontraremos que possa suscitar escrúpulos. Com feito, a mente, na medida em que usa da razão, não está sob jurisdição dos poderes soberanos, mas de si própria *(pelo art. 11 do cap. ant.)*. Assim, o verdadeiro conhecimento e amor de Deus, tal como a caridade para com o próximo *(pelo art. 8 do cap. ant.)*, não podem estar sujeitos ao império de ninguém. E se além disso considerarmos que o supremo exercício da caridade é o da manutenção da paz e da realização da concórdia, não duvidaremos que cumpre realmente o seu dever quem prestar a cada um tanto auxílio quanto os direitos da cidade, isto é, a concórdia e a tranquilidade, permitem. É certo, no que respeita aos cultos externos, que eles não podem ajudar nem prejudicar em nada o verdadeiro conhecimento de Deus, nem o amor que deste se segue necessariamente, e não deve, por isso, atribuir-se-lhes tanta importância que mereça a pena perturbar por causa deles a paz e a tranquilidade pública. Por outro lado, é também certo que eu, por direito de natureza, isto é *(pelo art. 3 do cap. ant.)*, por decreto divino, não sou garante da religião, pois não está em mim, como esteve outrora nos discípulos de Cristo, nenhum poder de expulsar os espíritos imundos e de fazer milagres, poder que é sem dúvida tão necessário para propagar a religião nos lugares onde ela está proibida que, sem ele, não apenas se perde, como se costuma dizer, azeite e trabalho como também se geram inúmeros aborrecimentos, de que em todos os séculos se

[289]

viram os mais funestos exemplos[6]. Cada um, onde quer que esteja, pode, pois, prestar culto a Deus na verdadeira religião e olhar por si, que é dever de um homem privado. Quanto ao mais, a incumbência de propagar a religião deve ser confiada a Deus ou aos poderes soberanos, os únicos a quem incumbe cuidar da república. Mas volto ao meu propósito.

11. Explicado o direito dos poderes soberanos sobre os cidadãos e o dever dos súditos, falta considerar o direito daqueles sobre os restantes, o que se conhece facilmente pelo que já foi dito. Com efeito, na medida em que o direito do poder soberano *(pelo art. 2 deste cap.)* não é nada senão o próprio direito de natureza, segue-se que dois estados estão um para o outro como dois homens no estado natural, exceto que uma cidade pode precaver-se para não ser oprimida por outra, enquanto um homem no estado natural não pode, pois sobre ele pesa diariamente o sono, muitas vezes a doença ou as agruras de ânimo e finalmente a velhice, além de estar sujeito a outros incômodos dos quais a cidade pode prevenir-se.

12. Uma cidade está, pois, sob jurisdição de si própria na medida em que possa governar-se e precaver-se, de modo a não ser oprimida por outra *(pelos arts. 9 e 15 do cap. ant.)*, e *(pelos arts. 10 e 15 do cap. ant.)* está sob jurisdição de outrem na medida em que receie a potência de outra cidade, ou seja impedida por esta de executar aquilo que quer, ou finalmente precise do auxílio dela para a sua própria conservação ou desenvolvimento. Não há dúvida, com efeito, de que, se duas cidades quiserem prestar-se mutuamente auxílio, podem mais as duas juntas e, por conseguinte, têm mais direito que qualquer delas sozinha *(ver art. 13 do cap. ant.)*.

....
6. Matéria amplamente comentada no *TTP*, caps. XIX e XX.

13. Mas isto pode entender-se mais claramente se tivermos em conta que duas cidades são, por natureza, inimigas: com efeito, os homens *(pelo art. 14 do cap. ant.)* [290] no estado natural são inimigos; portanto, aqueles que fora da cidade mantêm o direito de natureza permanecem inimigos. Assim, se uma cidade quiser mover guerra a outra e recorrer a meios extremos com que a ponha sob a sua jurisdição, é por direito lícito que ela o tente, porquanto para fazer a guerra basta-lhe ter vontade de a fazer. Mas sobre a paz não pode estatuir-se nada a não ser com a vontade conivente da outra cidade. Donde se segue que os direitos da guerra são de cada cidade, enquanto os direitos da paz não são de uma só cidade mas de pelo menos duas, as quais se dizem por isso confederadas.

14. Esta aliança permanece inalterável enquanto estiver presente a causa do seu estabelecimento, ou seja, o receio de um dano ou a esperança de um lucro. Mas uma vez desaparecida esta ou aquele para uma ou para outra das cidades, ela fica sob jurisdição de si própria *(pelo art. 10 do cap. ant.)*, e por isso o vínculo pelo qual as cidades estavam ligadas uma à outra dissolve-se espontaneamente. Cada cidade possui, por conseguinte, todo o direito de dissolver a aliança sempre que quiser, e nem se pode dizer que ela aja com dolo ou perfídia por quebrar a palavra dada mal desaparece a causa do medo ou da esperança, porque tal condição, isto é, que aquela que primeiro pudesse estar livre do medo ficaria sob jurisdição de si própria e usaria dela a seu belo-prazer, foi igual para cada uma das contraentes, e além disso porque ninguém contrata para o futuro a não ser pressupondo as circunstâncias precedentes. Porém, mudadas estas, muda-se também a proporcionalidade[7] de toda a situação, motivo pelo qual cada uma das cidades confederadas chama a si o direito

....
7. Cf. carta-prefácio, n. 3.

de se governar e por isso cada uma delas se esforça tanto quanto pode para se libertar do medo e estar consequentemente sob jurisdição de si própria, e para impedir que a outra se torne mais potente que ela. Se, portanto, uma cidade se queixa de ter sido traída, não pode evidentemente condenar a má fé da cidade confederada, mas unicamente a sua própria estultícia, ao confiar a sua salvação a uma outra que está sob jurisdição de si própria e para quem a salvação do seu estado é a lei suprema.

15. Compete às cidades que contraíram a paz o direito de dirimir as questões que podem surgir acerca das condições de paz ou leis pelas quais reciprocamente se comprometeram, porquanto os direitos de paz não são de uma só cidade, mas das que em conjunto a contraíram *(pelo art. 13 do cap. ant.)*; porque, se não é possível porem-se de acordo acerca de tais questões, elas retornam por isso mesmo ao estado de guerra.

[291] 16. Quantas mais cidades contraem juntas a paz, menos cada uma delas é de recear pelas restantes, ou seja, quanto menor é o poder que cada uma tem de declarar guerra, mais ela tem de observar as condições de paz. Quer dizer *(pelo art. 13 do presente capítulo)*, quanto menos está sob jurisdição de si própria, mais ela tem de se conformar com a vontade comum das confederadas.

17. Quanto ao mais, a palavra, que a sã razão e a religião ensinam a manter, não é aqui minimamente quebrada. Com efeito, nem a razão nem a Escritura ensinam a observar toda a palavra dada. Se eu, por exemplo, prometi a alguém guardar o dinheiro que me confiou em segredo, não sou obrigado a manter a palavra assim que souber, ou acreditar saber, que aquilo que ele me deu a guardar tinha sido roubado. Pelo contrário, agirei mais corretamente se fizer com que seja restituído aos seus donos. De igual

modo, se um poder soberano prometeu a outro fazer-lhe alguma coisa que o tempo ou a razão ensinaram depois, ou pareciam ensinar, ser contra a salvação comum dos súditos, sem dúvida terá de quebrar a palavra dada. Como, portanto, a Escritura não ensina senão na generalidade a observar a palavra dada, e deixa ao juízo de cada um os casos singulares que devem ressalvar-se, ela não ensina nada que repugne àquilo que acabamos de expor.

18. Mas, para não ser necessário interromper tantas vezes o fio à conversa e resolver ainda objeções similares, quero avisar que demonstrei tudo isso a partir da necessidade da natureza humana, qualquer que seja o modo como a consideremos, isto é, a partir do esforço universal de todos os homens para se conservarem a si mesmos, esforço que existe em todos eles, sejam ignorantes ou sábios, e, por conseguinte, qualquer que seja o modo como se considere que os homens se conduzem, pelo afeto ou pela razão, a questão será a mesma, uma vez que a demonstração, como dissemos, é universal.

Capítulo IV

1. No capítulo anterior, expusemos o direito dos poderes soberanos, que se determina pela sua potência, e vimos que ele consiste sobretudo em ser como que a mente do estado, pela qual todos devem ser conduzidos. Por isso, só eles têm direito de decidir o que é bom e o que é mau, o que é justo e o que é iníquo, isto é, o que deve cada um ou todos juntos fazer ou não fazer. Vimos, por conseguinte, que só a eles compete o direito de instituir leis, de as interpretar quando levantem dúvidas em qualquer caso particular e decidir se um dado caso está ou não de acordo com o direito *(ver arts. 3, 4 e 5 do cap. ant.)*, e de declarar guerra ou estatuir as condições de paz e propô-las, ou de aceitar as oferecidas *(ver arts. 12 e 13 do cap. ant.)*.

[292]

2. Como tudo isso, e bem assim os meios que se requerem para o executar, são assuntos que respeitam a todo o corpo do estado, isto é, à república, segue-se daqui que a república depende unicamente da orientação daquele que tem o estado soberano[1], e, por isso, só ao poder

---
1. "Ter o estado", *habere imperium*, ou "deter o estado", *tenere imperium*, são expressões que refletem a influência de Maquiavel, inclusive na polissemia do termo *stato*.

soberano pertence o direito de julgar o que cada um faz e de a cada um exigir contas dos seus atos, de aplicar penas aos delinquentes e dirimir as contendas jurídicas entre cidadãos ou designar peritos nas leis em vigor que as administrem em lugar dele; e, além disso, de juntar e ordenar todos os meios para a guerra e para a paz, ou seja, fundar e fortificar cidades, conduzir as tropas, distribuir os cargos militares, mandar aquilo que quer que seja feito, enviar e ouvir embaixadores por causa da paz e, finalmente, exigir as verbas para tudo isto.

3. Por conseguinte, uma vez que o direito de tratar dos assuntos públicos, ou de escolher ministros para eles, é um direito unicamente do poder soberano, segue-se que usurpa o estado um súdito que, por seu exclusivo arbítrio e sem que o supremo conselho saiba, lança mão de algum assunto público, mesmo que creia que aquilo que tentou fazer seria o melhor para a cidade.

4. Costuma perguntar-se, no entanto, se o poder soberano está adstrito às leis e consequentemente pode pecar. Na verdade, posto que os termos lei e pecado costumam dizer respeito aos direitos não só da cidade, mas também de todas as coisas naturais, e principalmente as regras comuns da razão, não podemos dizer, de modo absoluto, que a cidade não está adstrita a nenhumas leis ou que não pode pecar. Com efeito, se a cidade não estivesse adstrita a nenhumas leis ou regras, sem as quais a cidade não seria cidade, então deveria ser encarada não como coisa natural, mas como quimera. Portanto, a cidade peca quando faz ou deixa fazer coisas que podem ser causa da sua própria ruína, e então dizemos que ela peca no sentido em que os filósofos ou os médicos dizem que a natureza peca, e nesse sentido podemos dizer que a cidade peca quando faz alguma coisa contra o ditame da razão. A cidade, com efeito, está maximamente sob juris-

dição de si própria quando age de acordo com o ditame da razão *(pelo art. 7 do cap. ant.)*; na medida, portanto, em que ela age contra a razão, está em falta para consigo, quer dizer, peca. Isto poderá entender-se mais claramente se considerarmos que, quando dizemos que cada um pode estatuir o que quiser sobre aquilo que é do seu direito, tal poder não se deve definir só pela potência do agente, mas também pela aptidão do próprio paciente. Se, de fato, digo por exemplo que por direito eu posso fazer desta mesa o que quiser, não entendo por isso, obviamente, que tenho o direito de fazer com que a mesa coma erva; de igual modo, embora digamos que os homens estão sob jurisdição não de si mas da cidade, não entendemos que os homens percam a natureza humana e adquiram uma outra, nem que a cidade tenha o direito de fazer com que os homens voem ou, o que é igualmente impossível, que os homens olhem como honroso o que provoca riso ou náusea; entendemos, sim, que ocorrem certas circunstâncias, dadas as quais se dá também a reverência e o medo dos súditos para com a cidade, e retiradas as quais se retiram também a reverência e o medo e, com eles, a própria cidade. A cidade, portanto, para estar sob jurisdição de si própria, tem de preservar as causas do medo e da reverência, pois de outro modo deixa de ser cidade. Com efeito, para aqueles ou aquele que detêm o estado, é tão impossível correr ébrio ou nu com rameiras pelas praças, fazer de palhaço, violar ou desprezar abertamente as leis por ele próprio ditadas e, com isso, conservar a majestade, como é impossível ser e não ser ao mesmo tempo. Assassinar e espoliar súditos, raptar virgens e coisas semelhantes convertem o medo em indignação e, por consequência, convertem o estado civil em estado de hostilidade.

5. Vemos, assim, em que sentido podemos dizer que a cidade tem leis e pode pecar. Na verdade, se entendermos por lei o direito civil, aquilo que pode ser defendido

pelo próprio direito civil, e por pecado aquilo que o direito civil proíbe que se faça, isto é, se tomarmos esses termos no sentido genuíno, não podemos por nenhuma razão dizer que a cidade está adstrita às leis ou que pode pecar. Porque as regras e as causas do medo e da reverência, que a cidade tem de observar por causa de si, não contemplam os direitos civis mas o direito natural, porquanto *(pelo artigo ant.)* não podem ser defendidas pelo direito civil mas pelo direito de guerra; e a cidade não as tem por nenhuma outra razão a não ser aquela por que o homem, no estado natural, para poder estar sob jurisdição de si próprio, ou para não ser seu inimigo, tem de abster-se de se matar, precaução esta que sem dúvida não é uma obediência mas uma liberdade da natureza humana. Porém, os direitos civis dependem unicamente do decreto da cidade, e esta, para se manter livre, não tem de fazer a vontade a ninguém senão a si, nem de ter por bom ou por mau senão aquilo que ela mesma decide ser bom ou ser mau. Por conseguinte, tem não só o direito de se defender a si própria, de estabelecer leis e de as interpretar, como também o de as ab-rogar e de, pela plenitude da potência, indultar qualquer réu.

[294]

6. O contrato[2], ou as leis pelas quais a multidão transfere o seu direito para um só conselho ou para um só homem devem, sem dúvida, ser violadas quando interessa à salvação comum violá-las. Mas o juízo acerca deste assunto, ou seja, se interessa à salvação comum violá-los, ou ou-

---

2. A palavra *contractus* tanto pode ser um nominativo do singular como um nominativo do plural, razão por que as traduções se dividem: onde Emile Saisset, Atilano Domínguez e Paolo Cristofolini, por exemplo, leem "os contratos", Samuel Shirley, Lelia Pezillo e Charles Ramond leem "o contrato". O fato de a frase concordar com "as leis" e não com "os contratos", porquanto termina com a expressão *easdem* (feminino) *violare*, leva a pensar que seja um singular. Caso contrário, pareceria mais lógico fazer-se a concordância com a primeira palavra do parágrafo, *contractus*.

tra coisa, nenhum privado o pode fazer por direito *(pelo art. 3 deste cap.)*; só aquele que detém o estado. Portanto, pelo direito civil, só aquele que detém o estado permanece intérprete dessas leis. A isto acresce que nenhum privado, por direito, as pode defender e, portanto, não obrigam realmente aquele que detém o estado. Se, contudo, elas são de natureza tal que não podem ser violadas sem que ao mesmo tempo se debilite a robustez da cidade, isto é, sem que ao mesmo tempo o medo comum da maioria dos cidadãos se converta em indignação, a cidade, por isso mesmo, dissolve-se e cessa o contrato, o qual, por conseguinte, não é defendido pelo direito civil mas pelo direito de guerra. E, portanto, aquele que detém o estado também não tem de observar as condições deste contrato por nenhuma outra causa a não ser aquela por que o homem no estado natural, para não ser seu inimigo, tem de precaver-se para que não se mate a si mesmo, como dissemos no artigo anterior.

Capítulo V

1. No art. 11 do capítulo II, mostramos que o homem está maximamente sob jurisdição de si próprio quando se conduz pela razão e, por consequência *(ver art. 7, cap.* [295] *III)*, está maximamente sob jurisdição de si própria e é maximamente potente aquela cidade que está fundada na razão e por ela é dirigida. Como, porém, a melhor regra de vida para se manter tanto quanto possível a si mesmo é aquela que é instituída pelo que a razão prescreve, segue-se que o melhor é tudo aquilo que um homem ou uma cidade fazem estando maximamente sob jurisdição de si próprios. Com efeito, não afirmamos ser feito da melhor maneira tudo aquilo que dizemos ser feito segundo o direito: uma coisa é cultivar um campo segundo o direito, outra é cultivá-lo da melhor maneira; uma coisa é defender-se, manter-se, emitir juízos, etc., segundo o direito, outra é defender-se, manter-se e emitir juízos da melhor maneira. Consequentemente, uma coisa é mandar e cuidar da república segundo o direito, outra é mandar da melhor maneira e governar da melhor maneira a república. E uma vez que já tratamos genericamente do direito de cada cidade, é altura de tratarmos da melhor situação para cada estado.

2. Qual seja, porém, a melhor situação para cada estado, conhece-se facilmente a partir da finalidade do estado

civil, que não é nenhuma outra senão a paz e a segurança de vida, pelo que o melhor estado é aquele onde os homens passam a vida em concórdia e onde os direitos se conservam inviolados. É, com efeito, certo que as revoltas, as guerras e o desprezo ou violação das leis não são de imputar tanto à malícia dos súditos quanto à má situação do estado. Porque os homens não nascem civis, fazem-se. Além disso, os afetos naturais humanos são em toda a parte os mesmos. Assim, se numa cidade reina mais a malícia e se cometem mais pecados do que noutra, é seguro que isso nasce de essa cidade não providenciar o bastante pela concórdia nem instituir os direitos com suficiente prudência e, consequentemente, não manter o direito de cidade absoluto. Porque um estado civil que não elimine as causas das revoltas, onde há continuamente que recear a guerra e onde, finalmente, as leis são com frequência violadas, não difere muito do próprio estado natural, onde cada um vive consoante o seu engenho, com grande perigo de vida.

3. Mas tal como os vícios, a excessiva licença e a contumácia dos súditos devem imputar-se à cidade, assim a sua virtude e a constante observância das leis devem, inversamente, atribuir-se acima de tudo à virtude e ao direito absoluto da cidade, como consta do art. 15, cap. II. Daí que se atribua com razão à exímia virtude de Aníbal o nunca se ter originado no seu exército alguma revolta[1].

4. Da cidade cujos súditos, transidos de medo, não pegam em armas, deve antes dizer-se que está sem guerra do que dizer-se que tem paz. Porque a paz não é ausência de

....
1. O exemplo de Aníbal é citado, exatamente nestes termos, se bem que mais desenvolvidamente, por Maquiavel, *Il Principe*, cap. XVII, que, por sua vez, o conhece de Tito Lívio, XXVIII, 12, 2-4. No inventário da biblioteca de Espinosa consta um exemplar da *História* de Tito Lívio.

guerra, mas virtude que nasce da fortaleza de ânimo: a obediência, com efeito *(pelo art. 19, cap. II)*, é a vontade constante de executar aquilo que, pelo decreto comum da cidade, deve ser feito. Além disso, aquela cidade cuja paz depende da inércia dos súditos, os quais são conduzidos como ovelhas, para que aprendam só a servir, mais corretamente se pode dizer uma solidão do que uma cidade.

5. Quando, por conseguinte, dizemos que o melhor estado é aquele onde os homens passam a vida em concórdia, entendo a vida humana, a qual não se define só pela circulação do sangue e outras coisas que são comuns a todos os animais, mas se define acima de tudo pela razão, verdadeira virtude e vida da mente.

6. Deve, no entanto, notar-se que o estado que eu disse ser instituído para este fim é, no meu entender, aquele que a multidão livre institui, não aquele que se adquire sobre a multidão por direito de guerra. Porque a multidão livre conduz-se mais pela esperança que pelo medo, ao passo que uma multidão subjugada conduz-se mais pelo medo que pela esperança: aquela procura cultivar a vida, esta procura somente evitar a morte; aquela, sublinho, procura viver para si, esta é obrigada a ser do vencedor, e daí dizermos que esta é serva e aquela é livre. Assim, o fim do estado de que alguém se apodera por direito de guerra é dominar e ter servos em vez de súditos. E embora entre o estado que é criado pela multidão livre e aquele que é adquirido por direito de guerra, se atendermos genericamente ao direito de cada um, não haja nenhuma diferença essencial, contudo, quer o fim, como já mostramos, quer os meios com os quais cada um deles se deve conservar têm enormes diferenças.

7. Os meios, porém, de que deve usar um príncipe que se move unicamente pelo desejo de dominar para po-

[297] der fundar e manter um estado, mostrou-os o agudíssimo Maquiavel desenvolvidamente, embora não pareça bastante claro com que fim. Se, contudo, ele teve um fim bom, como é de crer num homem sábio, parece ter sido mostrar quão imprudentemente muitos se esforçam por remover um tirano, quando as causas pelas quais o príncipe é tirano não podem ser removidas e, pelo contrário, elas se impõem tanto mais quanto maior causa de temer se lhe oferece, como acontece quando a multidão mostra exemplos ao príncipe e se vangloria do parricídio como de uma coisa bem-feita. Além disso, ele quis talvez mostrar quanto uma multidão livre deve precaver-se para não confiar absolutamente a sua salvação a um só, o qual, a não ser que seja vaidoso e julgue que pode agradar a todos, deve temer ciladas todos os dias, e por isso é obrigado antes a precaver-se a si mesmo e a armar ciladas à multidão do que a olhar por ela. E sou tanto mais levado a crer isto deste homem prudentíssimo quanto consta ele ter sido pela liberdade, para cuja defesa também deu conselhos muito salutares.

Capítulo VI

1. Dado que os homens, como dissemos, se conduzem mais pelo afeto que pela razão, segue-se que não é por condução da razão, mas por algum afeto comum que uma multidão se põe naturalmente de acordo e quer ser conduzida como que por uma só mente, ou seja *(como dissemos no art. 9, cap. III)*, por uma esperança ou medo comuns, ou pelo desejo de vingar algum dano comum. Como, porém, o medo da solidão existe em todos os homens, porque ninguém na solidão tem forças para poder defender-se e reunir o necessário para a vida, segue-se que os homens desejam por natureza o estado civil, não podendo acontecer que eles alguma vez o dissolvam por completo.

2. Das discórdias e revoltas que muitas vezes são provocadas na cidade, nunca resulta, portanto, que os cidadãos a dissolvam (como nas restantes sociedades acontece muitas vezes); mudam-lhe, sim, a forma por uma outra, se as contendas não puderem ser acalmadas mantendo a face[1] da cidade. Daí que, por meios que se requerem para

---

1. *Facies*: termo que aparece também, com esta mesma significação, na célebre carta em que Espinosa explica o que entende por "modo infinito mediato" do atributo extensão, identificando-o como a *facies totius universi*, a face de todo o universo, a qual, acrescenta o autor, "embora varie de infi-

conservar o estado, eu entendo os que são necessários para conservar a forma do estado sem alguma mudança digna de nota.

3. Se a natureza humana estivesse feita de tal modo que aquilo que os homens mais desejassem fosse aquilo que é mais útil, não seria preciso nenhuma arte para a concórdia e a lealdade. Mas porque a natureza humana é, manifestamente, constituída de modo bem diferente, o estado tem necessariamente de ser instituído de tal maneira que todos, tanto os que governam como os que são governados, queiram ou não, façam aquilo que interessa à salvação comum, isto é, que todos sejam levados, espontaneamente, ou à força, ou por necessidade, a viver segundo o que prescreve a razão, o que acontecerá se as coisas do estado se ordenarem de tal maneira que nada do que respeita à salvação comum esteja absolutamente confiado à lealdade de alguém. Ninguém, com efeito, é tão vigilante que não adormeça de quando em vez, nem houve jamais alguém de ânimo tão potente e tão íntegro que não estivesse alguma vez, principalmente quando mais preciso era pela fortaleza de ânimo, enfraquecido e se deixasse vencer. E, sem dúvida, é estultícia exigir a outro o que ninguém pode conseguir de si mesmo, a saber, que vele antes por outrem do que por si, que não seja avaro, nem invejoso, nem ambicioso, etc., principalmente aquele que todos os dias tem o máximo incitamento de todos os afetos.

4. A experiência, no entanto, parece pelo contrário ensinar que é do interesse da paz e da concórdia conferir

....
nitos modos, permanece, contudo, sempre a mesma" (*Ep.* 64, a G. H. Schuller, G IV, 278). Para uma apreciação do tema dos "modos infinitos", essencial na ontologia de Espinosa mas controverso entre os intérpretes, cf., Martial Guéroult, *Spinoza, I, Dieu*, Paris, Aubier-Montaigne, 1968, pp. 311-24.

todo o poder a um só. Com efeito, nenhum estado resistiu sem qualquer alteração assinalável tanto tempo como o dos Turcos e, pelo contrário, não há nenhum menos durável do que foram os populares ou democráticos, nem onde se tenham desencadeado tantas revoltas. Mas, se a servidão, a barbárie e o isolamento se devem apelidar de paz, então não há nada mais miserável para os homens do que a paz. Entre pais e filhos costumam, sem dúvida, dar-se mais e mais acerbas discussões que entre senhores e escravos. Não é contudo do interesse da economia[2] transformar o direito paternal em domínio[3] e ter os filhos como escravos. É, portanto, do interesse da servidão, não da paz, transferir todo o poder para um só: porque a paz, como já dissemos, não consiste na ausência de guerra, mas na união ou concórdia dos ânimos.

5. Estão, sem dúvida, muito enganados os que creem que pode acontecer um sozinho obter o direito soberano da cidade. O direito, efetivamente, determina-se só pela potência, como mostramos no capítulo II, e a potência de um só homem é, de longe, incapaz de sustentar tão grande peso. Daí acontecer que aquele a quem a multidão elege

....
2. Termo usado em sentido inteiramente aristotélico: a economia é o governo da casa, a gestão do privado.
3. Espinosa refuta diretamente o Direito Civil romano, que admitia não um *direito*, mas um *domínio* do dono da casa (*domus*) sobre os restantes membros da família e os escravos, sobre todos os bens. Comentando Cícero a esse respeito, Michel Villey escreve: "O direito em sentido estrito seria inútil no interior de uma família, onde o patrimônio é comum e os bens do pai aproveitam ao filho." E um pouco mais adiante: "O direito não tem de se meter na ordem interna da família (relação do pai com os seus filhos e os escravos), nem nas relações entre cidades. Porque o jurista não poderia determinar uma proporção senão entre pessoas diferentes mas iguais sob certos aspectos. Ora, os membros de uma mesma família, unidos pelo afeto, comungando da mesma vida econômica, não são suficientemente 'outros' uns em relação aos outros – o filho é 'qualquer coisa' do pai. E entre cidadãos e estrangeiros falta o fator da *igualdade*". *Le droit et les droits de l'homme*, Paris, PUF, 1983, pp. 57-9.

rei chama para junto de si comandantes, conselheiros ou amigos, aos quais confia a sua salvação e a de todos, de tal modo que o estado, que se crê ser absolutamente monárquico, na prática, é realmente aristocrático, não de modo manifesto, mas tácito, e por isso mesmo péssimo.

[299] A isto acresce que o rei, se é criança, doente ou sobrecarregado pela velhice, é rei precariamente, e quem na realidade tem o poder soberano são os que administram os superiores assuntos de estado ou que estão próximos do rei. Isto, para já não falar do rei que, submetido à libidinagem, gere muitas vezes tudo consoante o capricho[4] desta ou daquela concubina ou favorito. "Tinha ouvido", diz Orsines, "que na Ásia, outrora, reinavam as mulheres; mas isto é novo, reinar um castrado" (Cúrcio, livro X, cap. I).

6. É, além disso, certo que a cidade corre sempre mais perigos por causa dos cidadãos que dos inimigos: os bons, de fato, são raros. Donde se segue que aquele a quem foi conferido todo o direito do estado temerá sempre mais os cidadãos que os inimigos e, por conseguinte, esforçar-se-á por precaver-se a si, não por atender aos súditos, antes lhes armando ciladas, principalmente aos que são mais esclarecidos pelo saber ou mais potentes pelas riquezas.

7. Acresce, além disso, que os reis, mais do que amar, temem também os filhos, e tanto mais quanto mais eles forem versados nas artes da paz e da guerra e estimados pelos súditos devido às suas virtudes. Daí que os procurem educar de tal modo que esteja ausente a causa de os

---

4. No original, *libidine*. Espinosa utiliza neste período duas vezes o nome *libido*, a primeira para significar "libidinagem", a segunda "capricho". Em latim, a palavra tem realmente esses dois significados, que são contudo insuscetíveis de traduzir em português por um mesmo vocábulo.

temerem. Nisto, os funcionários obedecem ao rei com a maior das prontidões e põem o máximo empenho em que o rei tenha um sucessor ignorante, a quem possam, com arte, manipular.

8. De tudo isso, segue-se que um rei está tanto menos sob jurisdição de si próprio, e a condição dos súditos é tanto mais miserável, quanto mais o direito da cidade se transfere absolutamente para ele. Assim, para estabelecer corretamente um estado monárquico, é necessário lançar fundamentos firmes[5], sobre os quais ele seja edificado e dos quais resulte a segurança do monarca e a paz da multidão, de tal modo que o monarca esteja tanto mais sob jurisdição de si próprio quanto mais atender à salvação da multidão. Quais sejam, porém, esses fundamentos do estado monárquico, di-lo-ei primeiro brevemente e, em seguida, expô-los-ei por ordem.

9. Deve fundar-se e fortificar-se uma ou várias urbes, cujos cidadãos gozarão todos do mesmo direito de cidade, habitem eles dentro das muralhas, ou fora, por causa da agricultura, na condição, contudo, de que cada uma tenha um certo número de cidadãos para sua defesa e para a defesa comum. A que não puder afiançar isto deve ser tida sob domínio, em outras condições.

10. O exército deve ser formado só por cidadãos, sem excetuar nenhum, e por mais ninguém, de maneira que todos tenham de ter armas e ninguém seja admitido no número dos cidadãos a não ser depois de ter preparação militar e se comprometer a exercitá-la em determinadas alturas do ano. Depois, dividido o exército de cada famí-

[300]

---
5. A metáfora dos fundamentos, na sua dupla vertente de princípios e fundações de qualquer construção, é também insistentemente utilizada por Maquiavel.

lia[6] em coortes e legiões, ninguém deve ser escolhido para chefe de coorte se não tiver conhecimentos de arquitetura militar. Além disso, os chefes das coortes e das legiões devem ser vitalícios. Mas só em caso de guerra deve ser escolhido quem comande o exército de uma família ou[7] o exército inteiro, e só por um ano, sem poder depois continuar no comando nem voltar a ser escolhido. E devem ser escolhidos dentre os conselheiros do rei *(dos quais se falará no art. 15 e seguintes)* ou que já exerceram esse cargo.

11. Os habitantes de todas as urbes e os agricultores, ou seja, todos os cidadãos, devem estar divididos em famílias, que se distinguirão entre si pelo nome e por alguma insígnia, e todos os nascidos de qualquer destas famílias, mal cheguem à idade de poder usar armas e conhecer o seu dever, serão admitidos no número dos cidadãos e os nomes deles inscritos no rol da sua família. Excetuam-se, contudo, os cadastrados, os que são mudos, ou dementes, os criados e os que vivem de algum ofício servil[8].

....
6. O significado de "família" aqui aludido é, obviamente, o romano, o qual é bastante mais vasto do que o contemporâneo e está fundado quer na consanguinidade, quer na propriedade. Não obstante, na sequência do modelo de tradução aqui adotado, e, neste caso particular, na sequência também das observações de A. Domínguez (*TP*, cit., pp. 135-6, n. 94), mantemos o termo família, tal como os demais inspirados em Roma que aparecem no texto (*cohors, centurio, chiliarca, proconsul*, etc.), sem lhes impor interpretações inevitavelmente insatisfatórias, como seria a tradução de *familia* por grupo, etnia ou clã.

7. A disjuntiva, ausente no texto latino, é proposta por Omero Proietti, "Notice sur la constitution du texte", *TP*, trad. de C. Ramond, cit., pp. 61-2. Tal como consta no original – *unius familiae totius militiae imperet* –, a frase careceria de sentido.

8. Além dos criados, *famuli*, Espinosa refere-se aqui, conforme observa Matheron, a todos os indivíduos que se encontram na dependência de um patrão e que, estando por isso "desprovidos de propriedade pessoal, se arriscam a perder toda a possibilidade de subsistir se desagradarem aos seus empregadores". Embora teoricamente sejam *sui juris*, estão limitados não só pelo direito comum, como toda a gente, mas também pelo fato de não te-

12. Os campos, todo o solo e, se possível, também as casas serão de direito público, ou seja, daquele que detém o direito da cidade, pelo qual serão alugadas aos cidadãos, quer das urbes, quer dos campos, por um preço ao ano; fora isso, em tempo de paz estarão todos livres ou isentos de qualquer imposto. E uma parte desse preço será destinada às fortificações da cidade; a outra ao uso doméstico do rei. Com efeito, em tempo de paz é necessário munir as urbes como se fosse para a guerra, e além disso ter os navios e os demais instrumentos bélicos preparados.

13. Uma vez o rei escolhido de uma das famílias, só serão considerados nobres os que dele descendem, os quais, por isso mesmo, se distinguirão, tanto da sua como das demais famílias, pelas insígnias reais.

14. Os nobres do sexo masculino consanguíneos do rei, que sejam seus parentes em terceiro ou quarto grau de consanguinidade, estarão proibidos de casar e, se fizerem filhos, estes serão tidos por ilegítimos, indignos de qualquer dignidade e não reconhecidos como herdeiros dos pais, retornando os bens destes ao rei.

15. Por outro lado, os conselheiros do rei, que estão próximos ou logo a seguir a ele em dignidade, devem ser bastante numerosos e escolhidos unicamente entre os cidadãos: três, quatro ou cinco por família (se as famílias não forem mais do que seiscentas), que constituirão juntos um só membro deste conselho, não vitaliciamente, mas por três, quatro ou cinco anos, de modo que, em cada ano, será escolhida a terça, a quarta ou a quinta parte de- [301]

....
rem margem para tomar decisões, mesmo naquilo em que o direito é omisso. Cf. Alexandre Matheron, "Femmes et serviteurs dans la démocratie spinoziste", in *Anthropologie et politique au XVIIe Siècle*, cit., p. 197.

les. Nesta escolha deve, contudo, atender-se principalmente a que, de cada família, seja escolhido pelo menos um conselheiro jurista.

16. Esta escolha deve ser feita pelo próprio rei, a quem, chegada a altura do ano em que devem ser escolhidos os novos conselheiros, cada família deve levar os nomes de todos os seus cidadãos que tenham completado cinquenta anos de idade e tenham sido corretamente propostos como candidatos a este cargo, dentre os quais o rei escolhe quem quiser. Mas no ano em que um jurista de alguma família deva suceder a outro, só os nomes dos juristas serão levados ao rei. Os que já tiverem estado nesse cargo de conselheiro o tempo estabelecido não poderão continuar no mesmo, nem voltar a ser mencionados no rol dos elegíveis durante cinco anos ou mais. A razão por que é necessário escolher, todos os anos, um conselheiro por família é evitar que o conselho seja composto ora por novatos inexperientes, ora por veteranos e especialistas nos assuntos, o que aconteceria necessariamente se todos saíssem ao mesmo tempo e fossem substituídos por novos. Mas, se a cada ano for escolhido um de cada família, só um quinto, um quarto ou, no máximo, um terço do conselho será de novatos. E se o rei, impedido por outros assuntos, ou por outro motivo, não puder alguma vez ocupar-se desta escolha, nesse caso, os próprios conselheiros escolherão outros provisoriamente, até que o próprio rei escolha outros ou aprove os que o conselho escolheu.

17. A primeira tarefa deste conselho será defender os direitos fundamentais do estado, dar conselhos sobre o que deve fazer-se, para que o rei saiba o que decidir sobre o bem público e, além disso, para que nada lhe seja lícito decidir sobre alguma coisa antes de conhecido o parecer deste conselho. Se, no entanto, não houver unanimidade

no conselho, como acontecerá muitas vezes, mas diferentes pareceres, mesmo depois de terem discutido duas e três vezes a mesma questão, não deve arrastar-se as coisas por mais tempo, mas remeter-se para o rei as opiniões discrepantes, como indicaremos no artigo 25 deste capítulo. [302]

18. Este conselho terá também por tarefa promulgar as instituições ou decretos do rei, cuidar da execução do que é decretado para a república e, como vigário do rei, ter a seu cuidado toda a administração do estado.

19. Aos cidadãos não será permitido nenhum acesso ao rei a não ser através deste conselho, ao qual devem ser levadas todas as petições e requerimentos, para que sejam apresentadas ao rei. Tampouco aos embaixadores de outras cidades deve ser lícito obterem a permissão de falar ao rei a não ser através da intercessão deste conselho. Por outro lado, as cartas que são enviadas de outros locais ao rei devem ser levadas por este conselho. Em suma, o rei deve ser considerado como a mente da cidade, e este conselho como os sentidos externos da mente, ou como o corpo da cidade, através do qual a mente concebe a situação da cidade e faz aquilo que decide que é o melhor para si.

20. O encargo de educar os filhos do rei incumbirá também a este conselho, tal como a sua tutela, se ele morrer sendo o sucessor recém-nascido ou ainda criança. Mas, entretanto, para o conselho não estar sem rei, deve escolher-se o mais velho dentre os nobres da cidade, que substituirá o rei até que o legítimo sucessor atinja a idade de poder arcar com o ônus do estado.

21. Serão candidatos a este conselho os que conhecerem o regime, os fundamentos e a situação ou condição da cidade de que são súditos. E aquele que quiser ocupar

um lugar de jurista, além do regime e da condição da cidade de que é súdito, deve saber também o das outras com as quais ela mantenha algum comércio. Mas nenhum a não ser os que tiverem completado cinquenta anos e não tenham cadastro deve ser incluído no rol dos elegíveis.

22. Neste conselho, não deve concluir-se nada sobre assuntos de estado sem a presença de todos os membros. Se alguém não puder estar presente, por doença ou por outro motivo, deve enviar em seu lugar alguém da mesma família que já tenha exercido o mesmo cargo ou que esteja referido no rol dos elegíveis. Se não fizer isso, e se por causa da sua ausência o conselho for obrigado a adiar a discussão de alguma coisa, deve ser multado em um valor pecuniário que se sinta. Mas isso, entenda-se, quando for questão de um assunto que diga respeito ao estado inteiro, tal como a guerra, a paz, a ab-rogação ou instituição de algum direito, o comércio, etc. Porque, se a questão for coisa que diga respeito a uma ou outra urbe, se forem requerimentos, etc., bastará que esteja a maioria do conselho.

[303]

23. Para que entre as famílias haja igualdade em tudo e ordem nas presidências, nas propostas e nas intervenções, deve manter-se a rotatividade, de modo que cada uma presida a uma sessão e aquela que foi a primeira em dada sessão seja a última na seguinte. Mas, entre os que são da mesma família, será o primeiro quem primeiro tiver sido escolhido.

24. Este conselho será convocado, no mínimo, quatro vezes por ano, para exigir contas da administração do estado aos funcionários, conhecer o estado das coisas e ver se além disso há mais alguma coisa a decidir. Parece, com efeito, impossível que um tão grande número de cidadãos se ocupe em permanência dos assuntos públicos. Mas uma vez que entre uma reunião e outra os assuntos públi-

cos têm de ser tratados, devem eleger-se cinquenta, ou mais, dentre os membros do conselho, que farão as vezes dele enquanto está dissolvido, que se reunirão diariamente numa sala que esteja próxima da do rei e que também diariamente se ocuparão do erário, das fortificações das urbes, da educação do príncipe herdeiro e, em suma, de todas aquelas funções que já enumeramos do magno conselho, salvo não poderem tratar de assuntos novos sobre os quais nada está estabelecido.

25. Reunido o conselho, antes que aí se proponha algo, cinco, seis ou mais juristas das famílias que segundo a ordem ocupam naquela sessão os primeiros lugares dirigir-se-ão ao rei, para lhe apresentar os requerimentos ou cartas, se as houver, para o informar do estado das coisas e, finalmente, para ouvir do próprio o que ele manda propor no seu conselho. Ouvido isso, voltarão ao conselho, e aquele que segundo a ordem é o presidente abrirá a discussão. E não deve ser posta imediatamente à votação uma coisa que para alguns pareça ser de alguma importância, pelo contrário, deve ser adiada pelo prazo que a sua urgência permita. Dissolvido o conselho pelo tempo estabelecido para tal, os conselheiros de cada família poderão no intervalo discutir a questão entre si e, se a coisa lhes parecer de grande importância, consultar outros que tenham desempenhado o mesmo cargo ou sejam candidatos a este conselho. Se, durante o tempo estabelecido, eles não puderem chegar a acordo entre si, essa família ficará fora da votação (com efeito, só pode atribuir-se um voto a cada família); caso contrário, o jurista da referida família, informado da opinião que consideraram ser a melhor, levá-la-á ao conselho, o mesmo fazendo os restantes. E, se a maioria, após ouvir as razões a favor de cada opinião, vir que é de examinar de novo a coisa, o conselho será novamente dissolvido por um tempo, findo o qual cada família pronunciará aquela que será a sua opi-

[304]

nião definitiva. Então, finalmente, recolhidos os votos na presença de todo o conselho, serão tidas por írritas as opiniões que não obtiverem, no mínimo, cem votos, e as restantes serão levadas ao rei por todos os juristas que intervieram no conselho, a fim de que ele, após tomar conhecimento das razões de cada uma das partes, escolha a que quiser. Regressados daí, os juristas voltarão ao conselho, onde esperarão todos pelo rei o tempo que ele próprio estabelecer, para ouvirem qual das opiniões levadas ele considera dever ser escolhida, e para que ele próprio decida o que deve ser feito.

26. Para administrar a justiça, deve ser formado um outro conselho só de juristas, cuja tarefa será dirimir os litígios e aplicar penas aos delinquentes. Mas todas as sentenças que forem ditadas por eles deverão ser ratificadas por aqueles que fazem as vezes do magno conselho, para ver se elas foram proferidas na estrita observância dos procedimentos judiciais e sem parcialidade. Porque, se a parte que perdeu a causa puder mostrar que algum dos juízes foi corrompido pelo adversário com algum presente, ou que tem alguma outra razão comum para ser amigo dele ou para a odiar, ou, finalmente, que o procedimento judicial comum não foi observado, será ressarcida na íntegra. Talvez isso seja impossível de observar por aqueles que costumam, quando é questão de crime, convencer o réu não tanto com argumentos mas com tormentos. Eu, no entanto, além deste não concebo aqui outro procedimento judicial que esteja de acordo com o melhor regime para uma cidade.

27. Estes juízes devem também ser em número elevado e ímpar, digamos sessenta e um ou, no mínimo, cinquenta e um. De cada família não deve ser escolhido senão um, não vitalício, mas de modo que em cada ano uma parte deles se retire e se elejam outros tantos, que se-

jam de outras famílias e que já tenham chegado aos quarenta anos.

28. Nenhuma sentença deve ser pronunciada neste conselho sem a presença de todos os juízes. Se algum deles, por doença ou outro motivo, não puder estar presente no conselho durante muito tempo, deve escolher-se outro que o substitua durante esse tempo. Nas votações, não deve cada um exprimir publicamente o seu voto, mas indicá-lo por meio de bolas.

29. Os emolumentos dos suplentes deste conselho e do anterior serão, em primeiro lugar, os bens daqueles que eles mesmos condenaram à morte e também daqueles a quem foi aplicada a pena de uma certa soma em dinheiro. Depois, por cada sentença que ditarem sobre matérias civis, receberão daquele que perdeu a causa uma parte proporcional à soma total, de que usufruirão ambos os conselhos.

30. Em cada urbe haverá outros conselhos subordinados a estes, cujos membros também não devem ser escolhidos vitaliciamente, devendo, pelo contrário, todos os anos, ser escolhida uma parte deles, só das famílias que lá habitam. Sobre isso, porém, não é preciso dizer mais.

31. Em tempo de paz não deve pagar-se estipêndio nenhum ao exército, e em tempo de guerra deve dar-se um estipêndio diário só àqueles que sustentam a vida com o trabalho quotidiano. Mas os chefes e os restantes oficiais das coortes não devem estar à espera de ter nenhum outro emolumento da guerra além dos despojos dos inimigos.

32. Se um estrangeiro casar com uma filha de um cidadão, os filhos dele devem ser considerados cidadãos e inscritos no rol da família da mãe. Porém, àqueles que nas-

ceram de pais estrangeiros e foram educados no estado será lícito adquirirem aos quiliarcos[9] de uma família, por um preço estabelecido, o direito de cidadania e inscreverem-se no rol dessa família. Mesmo que os quiliarcos, por causa do lucro, admitam algum estrangeiro no número dos seus cidadãos por um preço abaixo do estabelecido, nenhum prejuízo daí pode surgir para o estado; pelo contrário, devem descobrir-se meios através dos quais se possa mais facilmente aumentar o número dos cidadãos e se dê uma grande afluência de homens. Quanto àqueles que não constam do rol dos cidadãos, é justo que, pelo menos em tempo de guerra, compensem com trabalho ou com algum imposto o seu ócio.

[306]

33. Os embaixadores, que em tempo de paz devem ser enviados a outras cidades para contrair ou manter a paz, serão escolhidos só entre os nobres e as suas despesas suportadas pelo erário da cidade, mas não pelo erário doméstico do rei.

34. Os que frequentam a corte e são criados do rei, a quem ele paga do seu erário doméstico um estipêndio, devem estar excluídos de toda a função ou cargo da cidade. Digo expressamente *a quem ele paga do seu erário doméstico um estipêndio*, para excluir os guarda-costas. Com efeito, nenhum guarda-costas, a não ser os cidadãos dessa urbe, à vez, deve fazer a vigilância do rei, às portas do palácio.

35. A guerra não se deve desencadear senão por causa da paz, para que uma vez acabada se deponham as armas. Tomadas, pois, as urbes por direito de guerra, e submetido o inimigo, devem estabelecer-se condições de paz,

---

9. O quiliarco era o comandante de uma quiliarquia, ou seja, de uma formação de 1024 homens na falange macedônica.

para que as urbes tomadas não tenham de ser mantidas em cativeiro e, em vez disso, se conceda ao inimigo, desde que aceite a aliança de paz, o poder de as resgatar mediante um preço ou, então (se dessa forma o medo permanece sempre na retaguarda, devido ao local), devem destruir-se completamente e conduzirem-se os habitantes para outro local.

36. Ao rei não será lícito unir-se em matrimônio com uma estrangeira, mas apenas tomar por mulher uma das consanguíneas ou cidadãs, na condição, porém, de os parentes chegados da mulher, se ele casar com uma cidadã, não poderem desempenhar nenhum cargo da cidade.

37. O estado deve ser indivisível. Se, portanto, o rei tiver vários filhos, suceder-lhe-á, por direito, o mais velho, de modo algum se admitindo que o estado seja dividido entre eles, nem que seja todo entregue a todos ou a alguns. Muito menos será lícito dar uma parte como dote a uma filha. Com efeito, não se deve permitir por nenhuma razão que as filhas venham a herdar o estado.

38. Se o rei morrer sem deixar filhos varões, o herdeiro do estado deverá ser aquele que lhe for mais próximo pelo sangue, a menos que tenha casado com uma mulher estrangeira, a quem não quer repudiar.

39. No que respeita aos cidadãos, é claro, pelo artigo 5 do capítulo III, que cada um deles deve acatar todas as ordens do rei ou éditos promulgados pelo magno conselho *(sobre esta questão, ver os arts. 18 e 19 deste cap.)*, ainda que os creia os mais absurdos, ou ser por direito coagido a isso. E são estes os fundamentos do estado monárquico, sobre os quais ele deve erguer-se para que seja estável, como demonstraremos no capítulo seguinte.

[307]

40. No que respeita à religião, absolutamente nenhum templo deve ser edificado à custa das urbes, nem devem ser estatuídos direitos em matéria de opiniões, a menos que sejam sediciosas e subvertam os fundamentos da cidade. Por conseguinte, aqueles a quem é permitido praticar publicamente uma religião, se quiserem um templo, que o edifiquem à sua custa. Quanto ao rei, terá no palácio um templo próprio para si, para praticar a religião a que está ligado.

Capítulo VII

1. Explicados os fundamentos do estado monárquico, propus-me aqui demonstrá-los por ordem, devendo para tanto notar-se, antes de mais, que não repugna de modo algum à prática que se constituam direitos tão firmes que nem o próprio rei os possa abolir. Os persas, com efeito, costumavam prestar culto aos seus reis como a deuses, e no entanto, nem os próprios reis tinham o poder de revogar os direitos uma vez instituídos, como se vê pelo cap. VI de *Daniel*. E em parte nenhuma, que eu saiba, se escolhe um monarca sem absolutamente nenhumas condições expressas. E isto não repugna à razão nem à obediência absoluta que é devida ao rei; com efeito, os fundamentos do estado devem ser tidos como decretos eternos do rei, de tal maneira que os seus funcionários lhe obedecerão completamente se, quando ele der alguma ordem que repugne aos fundamentos do estado, se negarem a executar o que ele mandou. Podemos claramente explicá-lo com o exemplo de Ulisses. Foi, com efeito, uma ordem do próprio Ulisses que os companheiros deste executaram quando, atado ao mastro do navio e com a mente apanhada pelo canto das sereias, o não quiseram desatar, embora fosse isso que ele, ameaçando de muitos modos, ordenava. E atribui-se à sua prudência ter depois agradecido aos companheiros o haverem acatado aquilo que primeiro ti-

[308] vera em mente. E, a exemplo de Ulisses, os reis costumam também instruir os juízes para que administrem a justiça sem olhar a ninguém, nem mesmo ao próprio rei, se ele tiver ordenado, em algum caso particular, uma coisa que saibam ser contra o direito instituído. Os reis, com efeito, não são deuses, mas homens que se deixam muitas vezes apanhar pelo canto das sereias. Se, por conseguinte, dependesse tudo da vontade inconstante de um só, nada estaria fixo. Assim, o estado monárquico, para ser estável, deve estar instituído de modo que tudo se faça de acordo somente com o decreto régio, isto é, que todo o direito seja vontade do rei explicitada, mas não de modo que toda a vontade do rei seja direito *(sobre isto, ver os arts. 3, 5 e 6 do cap. ant.)*.

2. Em seguida, há que notar que ao lançar os fundamentos é necessário atentar acima de tudo nos afetos humanos. E não basta ter mostrado o que convém que seja feito, é principalmente necessário mostrar o que poderá fazer-se para que os homens, quer se conduzam pelo afeto ou pela razão, tenham direitos ratificados e fixos. Com efeito, se os direitos do estado, ou seja, a liberdade pública, se apoia unicamente no fraco auxílio das leis, não só os cidadãos não terão nenhuma garantia de a manter, conforme mostramos no artigo 3 do capítulo anterior, como, inclusive, ela estará em extinção. É, com efeito, certo que não existe condição mais miserável do que a de uma cidade que era ótima e começa a ser abalada, salvo cair com um só gesto e um só golpe e ser reduzida à escravidão, o que sem dúvida parece ser impossível. Seria, por isso, muito melhor para os súditos transferirem absolutamente o seu direito para um só que estipularem condições de liberdade incertas e vãs, ou seja, ineficazes, e desse modo prepararem o caminho aos descendentes para uma crudelíssima servidão. Mas, se eu mostrar que os fundamentos do estado monárquico, que referi no capítulo anterior, são

firmes e não podem ser destruídos sem indignação da maior parte da multidão armada, bem como que deles se seguem a paz e a segurança para o rei e para a multidão, e se eu deduzir isso da natureza comum[1], ninguém poderá duvidar que tais fundamentos são os melhores e são verdadeiros, como consta do art. 9 do cap. III e dos artigos 3 e 8 do capítulo anterior. Mostrarei, o mais resumidamente que puder, que eles são dessa natureza.

3. Todos reconhecem que o dever de quem detém o estado é conhecer sempre a situação e a condição do estado, velar pela salvação comum de todos e executar tudo quanto é útil à maior parte dos súditos. Como, porém, um sozinho não pode olhar por tudo, e nem sempre tem presença de espírito[2] e disposição para refletir, além de que muitas vezes está impedido pela doença, a velhice ou outras causas de se ocupar dos assuntos públicos, é necessário que o monarca tenha conselheiros que conheçam o estado das coisas, ajudem o rei com os seus conselhos e muitas vezes o substituam, de modo a que o estado ou cidade esteja constituído sempre de uma só e mesma mente.

[309]

4. Mas, uma vez que a natureza humana está feita de tal maneira que cada um busca com o máximo afeto o seu interesse privado, julga que são justíssimos os direitos necessários para conservar e aumentar as suas coisas, e não defende a causa de outrem senão na medida em que acredita consolidar com isso, o que é seu, segue-se daqui que devem necessariamente ser escolhidos para conselheiros aqueles cujas coisas e interesses privados dependam da

---

1. Subentende-se "dos homens".
2. No original, *animum presentem*. O termo espírito não consta do léxico espinosano. Cremos, no entanto, que a opção aqui adotada é legítima, tendo em conta a neutralidade da expressão "presença de espírito", hoje em dia de uso corrente.

paz e da defesa comum de todos. E é claro que, se forem escolhidos uns quantos de cada tipo ou classe de cidadãos, obterá mais votos neste conselho aquilo que for do interesse da maior parte dos súditos. E, embora este conselho, que é composto de um tão grande número de cidadãos, tenha necessariamente de incluir muitos de engenho particularmente rude, é contudo certo que cada um é suficientemente hábil e astuto nos negócios a que de há muito se dedica com grande afeto. Daí que, se não se escolherem senão aqueles que até os cinquenta anos de idade se dedicaram aos seus negócios sem desonestidade, eles serão aptos o suficiente para poderem dar conselhos no respeitante às suas coisas, principalmente se em coisas de maior gravidade se lhes der tempo para meditarem. Acresce que é pouco provável um conselho constituído por poucos não ter frequentemente conselheiros desses. Pelo contrário, a maior parte dele será constituída por homens assim, porquanto cada um se esforça ao máximo por ter lá colegas estúpidos, que estejam suspensos da sua boca, o que não tem lugar em conselhos grandes.

5. É, além disso, certo que cada um prefere governar a ser governado. Ninguém, com efeito, concede voluntariamente o estado a outrem, conforme diz Salústio no primeiro discurso a César. É, por isso, claro que uma multidão inteira nunca transferiria o seu direito para uns poucos, ou para um só, se pudesse pôr-se de acordo entre si e se das controvérsias que tão frequentemente se desencadeiam nos grandes conselhos não se passasse às revoltas. A multidão, portanto, só transfere livremente para um rei aquilo que é absolutamente impossível ela própria ter em seu poder, ou seja, o dirimir as controvérsias e o decidir de forma expedita. Com efeito, como também acontece muitas vezes, escolher um rei por causa da guerra, ou seja, porque a guerra é feita com muito mais sucesso pelos reis, é sem dúvida uma insanidade, pois é querer, para

fazer a guerra com mais sucesso, ser escravo na paz. Isto, se realmente a paz pode conceber-se num estado cujo poder soberano só por causa da guerra é transferido para um só, o qual, por conseguinte, é sobretudo na guerra que pode mostrar a sua virtude e aquilo que todos só nele próprio têm[3], quando o estado democrático, pelo contrário, o que tem de especial é a sua virtude valer muito mais na paz do que na guerra. Mas qualquer que seja a causa por que se escolhe um rei, ele sozinho, como já dissemos, não pode saber o que é útil ao estado. Para isso, conforme mostramos no artigo anterior, é necessário que ele tenha vários cidadãos por conselheiros. E como não é concebível que alguma coisa sobre a matéria em discussão escape a um tão grande número de homens, segue-se que é impossível conceber, para lá de todas as opiniões deste conselho que são deferidas para o rei, alguma que seja idônea para a salvação do povo. Além disso, porque a salvação do povo é a lei suprema, ou seja, o supremo direito do rei, segue-se que é direito do rei escolher uma das opiniões expressas em conselho, mas não decidir ou sentenciar alguma coisa contra a mente de todo o conselho *(ver o art. 25 do cap. ant.)*. Porém, se todas as opiniões expressas em conselho fossem deferidas para o rei, poderia acontecer que este favorecesse sempre as pequenas urbes, que têm menos votos. Com efeito, embora o estatuto legal do conselho determine que as opiniões sejam transmitidas sem indicação dos seus autores, nunca poderão, contudo, acautelar-se tanto que não transpire alguma. Daí que seja necessário estatuir que aquela opinião que não obtenha, no mínimo, cem votos será tida por nula, direito este que as cidades maiores deverão defender com a maior veemência.

....
3. Expressão espinosana, que se repete a seguir, no parágrafo 11, e que denota a especificidade da decisão unipessoal, mas em que transparece igualmente a complexidade da articulação desta no interior da tese do estado como "potência da multidão", sustentada no *TP*.

6. E aqui, se não fosse a preocupação de ser breve, mostraria outras grandes vantagens deste conselho. Referirei, contudo, uma, que parece ser da maior importância, a saber, que é impossível ser dado maior incitamento à virtude que esta esperança comum de alcançar esta honra máxima. Somos todos, com efeito, maximamente atraídos pela glória, conforme mostramos profusamente na nossa *Ética*.

7. Está fora de dúvida que aquilo que anima a maior parte deste conselho nunca é o desejo de fazer a guerra, mas sempre um grande zelo e amor pela paz. Com efeito, além de existir sempre o medo de perderem, devido à guerra, os seus bens com a liberdade, acresce que para a guerra se requerem novas despesas às quais terão de fazer face, da mesma forma que os seus filhos e parentes, que se dedicam aos cuidados domésticos, serão obrigados a dedicar-se às armas e a ir como soldados para a guerra, de onde nada poderão trazer para casa a não ser vãs cicatrizes. Com efeito, como dissemos no artigo 31 do capítulo anterior, ao exército não se deve pagar nenhum estipêndio, e, pelo artigo 10 do mesmo capítulo, ele deve ser formado unicamente por cidadãos e por mais ninguém.

[311]

8. Acresce além disso outra coisa que é também de grande importância para a paz e a concórdia, a saber, que nenhum cidadão possua bens imóveis *(ver o art. 12 do cap. ant.)*. Assim, será quase igual para todos o perigo originado pela guerra, uma vez que todos, por causa do lucro, se dedicarão ao comércio, ou emprestarão o seu dinheiro uns aos outros, se, como outrora entre os atenienses, for promulgada uma lei que proíba a cada um emprestar o seu dinheiro a juros, a não ser aos habitantes do país, devendo por isso tratar de negócios que estão interligados ou que requerem os mesmos meios para se desenvolver. Desse modo, sobre os assuntos comuns e sobre as

artes da paz, a mente da maioria deste conselho será uma só e quase sempre a mesma. Com efeito, tal como dissemos no artigo 4 deste capítulo, cada um só defende a causa de outrem na medida em que acredita com isso mesmo consolidar o que é seu.

9. Está fora de dúvida que ninguém será, jamais, induzido a corromper este conselho com presentes. Se, realmente, dentre um tão grande número de homens alguém atrair a si um ou outro, com certeza não adiantará nada. Com efeito, e como dissemos, é nula a opinião que não recolha, no mínimo, cem votos.

10. Veremos também facilmente que, uma vez estabelecido este conselho, o número dos seus membros não poderá reduzir-se, tendo em conta os afetos comuns dos homens. Todos, com efeito, são sobretudo conduzidos pela glória, e não há ninguém que, vivendo de corpo são, não espere prolongar a sua vida por uma longa velhice. Assim, se fizermos o cálculo dos que realmente atingirão os cinquenta ou sessenta anos e se, além disso, tivermos em conta o elevado número de conselheiros que são escolhidos a cada ano, veremos que dificilmente pode haver algum, dentre os que usam armas, que não tenha uma grande esperança de ascender a tal dignidade; e, por conseguinte, todos eles defenderão quanto puderem este direito do conselho. Deve, com efeito, notar-se que a corrupção, a menos que se insinue paulatinamente, se previne com facilidade. E uma vez que mais facilmente se pode conceber, e com menor inveja fazer, a escolha de um número menor de cada uma das famílias do que de um número menor só de umas quantas, ou excluir esta ou aquela, o número de conselheiros *(pelo art. 15 do cap. ant.)* só pode reduzir-se para menos suprimindo em simultâneo uma terça, uma quarta ou uma quinta parte dele, o que é, sem dúvida, uma mudança particularmente grande e, por con-

[312]

seguinte, em total discrepância com a prática comum. Nem tampouco é de temer a demora ou a negligência na escolha, visto ser o próprio conselho que as supre *(ver o art. 16 do cap. ant.)*.

11. Seja, portanto, conduzido pelo medo da multidão, seja para pôr do seu lado a maioria da multidão armada, seja conduzido pela generosidade de ânimo, para atender ao interesse público o rei subscreverá sempre a opinião que tiver mais votos, isto é *(pelo art. 5 deste cap.)*, aquela que é mais útil à maior parte do estado. Ou então procurará conciliar, se possível, as opiniões discrepantes que lhe foram deferidas, a fim de atrair todos a si, coisa em que porá todo o seu vigor, e para que eles experimentem, na paz como na guerra, o que só nele próprio têm. Desse modo, estará maximamente sob jurisdição de si próprio e terá maximamente o estado quando atender maximamente à salvação comum da multidão.

12. Sozinho, o rei não pode, efetivamente, deter todos pelo medo. A sua potência baseia-se, como dissemos, no número de soldados e, principalmente, na sua virtude e lealdade, a qual é sempre constante entre os homens enquanto eles estiverem unidos por uma necessidade, honesta ou torpe. Daí que os reis costumem incitar mais vezes os soldados que reprimi-los e dissimular mais os seus vícios que as suas virtudes, e que, para oprimir os melhores, procurem frequentemente ociosos e dissolutos, a quem reconhecem, ajudam com dinheiro ou favores, apertam a mão, beijam e fazem tudo o que há de servil para dominarem. Assim, para que os cidadãos sejam reconhecidos pelo rei acima de quaisquer outros e permaneçam sob jurisdição de si próprios, tanto quanto o estado civil ou a equidade o consentem, é necessário que o exército seja composto unicamente por cidadãos e que estes sejam dos conselhos. Caso contrário, serão completamente subjuga-

dos e terão lançado os fundamentos de uma guerra infindável, assim que tolerem que se contratem soldados mercenários cujo negócio é a guerra e cuja maior força está nas discórdias e revoltas.

13. Os conselheiros do rei não devem ser nomeados vitaliciamente, mas por três, quatro ou cinco anos, no máximo, como é manifesto quer pelo artigo 10 deste capítulo, quer pelo que dissemos no artigo 9, também deste capítulo. Se, com efeito, eles fossem escolhidos vitaliciamente, a maior parte dos cidadãos dificilmente poderia acalentar alguma esperança de atingir essa honra, de onde se originaria uma grande desigualdade entre os cidadãos, inveja, boatos e, finalmente, revoltas, que decerto não desagradariam a reis ávidos de dominar; além disso, afastado o receio de alguém que lhes sucedesse, eles permitir-se-iam tudo sem a mínima oposição do rei. Com efeito, quanto mais detestados pelos cidadãos, mais se aproximariam do rei e mais prontos estariam para o adularem. Mesmo um intervalo de cinco anos ainda parece excessivo, porque nesse espaço de tempo não parece inteiramente impossível acontecer que boa parte do conselho, por maior que ele seja, se corrompa com dinheiros ou favores. Por isso, ter-se-á uma situação de longe mais segura se, todos os anos, dois de cada família cessarem o mandato e lhes sucederem outros tantos (se porventura tiver de haver cinco conselheiros por família), salvo no ano em que cessa um jurista de uma família e se escolhe um novo para o lugar dele.

14. Nenhum rei, além disso, poderá proporcionar a si mesmo maior segurança do que aquele que reina assim na cidade. Com efeito, além de perecer depressa aquele que os seus soldados não querem que se salve, está fora de dúvida que o maior perigo para os reis são sempre os que lhes são próximos. Quanto menos são os conselhei-

ros e, por conseguinte, quanto mais potentes são, maior é para o rei o perigo de que eles transfiram o estado para um outro. Certamente, nada aterrorizou mais David que o fato de o seu conselheiro Aquitofel escolher o partido de Absalão. A isto acresce que o poder, se tiver sido absolutamente todo transferido para um só, pode muito mais facilmente ser transferido de um para outro. Dois soldados rasos propuseram-se, com efeito, transferir o estado romano e transferiram-no (Tácito, *Histórias*, Livro I). Omito aqui, por serem demasiado conhecidas, as artes e as habilidosas artimanhas dos conselheiros, com as quais têm de se precaver a si próprios para não serem imolados à inveja. Ninguém que leia a história pode ignorar que a lealdade foi muitas vezes a ruína dos conselheiros, pelo que, para se precaverem a si próprios, é preciso serem habilidosos, não serem fiéis. Mas, se os conselheiros forem demasiado numerosos para que possam associar-se num mesmo crime, se forem todos iguais entre si e não desempenharem o cargo além dos quatro anos, não poderão alguma vez ser temíveis para o rei, a menos que este tente tirar-lhes a liberdade, com o que ofenderia igualmente todos os cidadãos. Com efeito, como muito bem nota Antonio Perez[4], usar do estado absoluto é particularmente perigoso para o príncipe, particularmente odioso para os súditos e contrário às instituições, tanto divinas como humanas, conforme mostram inúmeros exemplos.

....
4. Secretário de Filipe II de Espanha, que veio a cair em desgraça e se refugiou, primeiro, no reino de Aragão, de onde era originário, e depois em França. É autor de um dos livros que constam do catálogo da biblioteca de Espinosa, *Las obras y relaciones*, Genève, J. de Tornes, 1644, de onde são extraídas as informações sobre o estado aragonês adiante comentadas no parág. 30 deste mesmo capítulo. Sobre Antonio Perez e Espinosa, cf. Henry Méchoulan, "Antonio Perez, lecteur de Spinoza", *Ethnopsychologie*, 29 (1974), pp. 289-301; Atilano Domínguez, "Presencia de Antonio Perez en Spinoza", *in* A. Domínguez (ed.), *Spinoza y España*, Universidad de Castilla-La Mancha, 1994, pp. 165-78; Jesús Blanco-Echauri, "Espinosa y el pensamiento político del barroco español", *in* A. Domínguez, *Spinoza y España,* cit., pp. 179-90.

15. Além destes, lançamos no capítulo anterior outros fundamentos, dos quais nasce uma grande segurança na manutenção do estado pelo rei e da liberdade e da paz pelos cidadãos, como a seu tempo mostraremos. Eu quis, com efeito, antes de tudo o mais demonstrar o que respeita ao supremo conselho, e que é da maior importância. Passo agora ao resto, segundo a ordem que propus.

16. Está fora de dúvida que os cidadãos são tanto mais potentes e, por conseguinte, estão tanto mais sob jurisdição de si próprios quanto maiores e mais fortificadas cidades possuem, pois quanto mais seguro é o lugar onde estão melhor podem defender a sua liberdade, ou menos temem o inimigo, externo ou interno. É certo também que os homens, naturalmente, zelam tanto mais pela sua segurança quanto mais potentes são pelas riquezas. Porém, aquelas urbes que necessitam da potência de uma outra para se manterem não possuem um direito igual a esta; pelo contrário, estão tanto mais sob jurisdição de uma outra quanto necessitarem da potência de uma outra. Mostramos, com efeito, no capítulo II, que o direito se define só pela potência.

17. Também por esta mesma razão, ou seja, para que os cidadãos permaneçam sob jurisdição de si próprios e defendam a liberdade, o exército deve ser constituído só por cidadãos, sem isentar nenhum. Um homem armado está mais sob jurisdição de si próprio que um desarmado (*ver art. 12 deste cap.*), e os cidadãos transferem absolutamente o seu direito para outrem e abandonam-se por completo à lealdade dele se lhe entregarem as armas e confiarem a fortificação das cidades. A isto acresce a avareza humana, pela qual a maioria se conduz acima de tudo. É, com efeito, impossível recrutar sem grandes despesas um [315] soldado mercenário, e os cidadãos dificilmente podem suportar os impostos que se requerem para sustentar exérci-

tos ociosos. Por outro lado, todos os que tenham lido história, sagrada ou profana, sabem que ninguém deve ser escolhido para comandar todo o exército, ou uma grande parte dele, a não ser que a necessidade obrigue e, no máximo, por um ano. E não há nada que a razão ensine com mais clareza. Com efeito, a força do estado é totalmente confiada àquele a quem se concede o tempo suficiente para alcançar a glória militar, para alçar o seu nome acima do nome do rei, ou para cativar a lealdade dos exércitos, através da liberalidade e das restantes artes, habituais nos chefes, com que estes buscam a servidão para os outros e o mando para si. Finalmente, para maior segurança de todo o estado, acrescentei que estes comandantes militares devem ser escolhidos dentre os conselheiros do rei, ou dos que já desempenharam esse cargo, isto é, dentre homens que já atingiram aquela idade em que a maioria das vezes se preferem coisas velhas e seguras a coisas novas e perigosas.

18. Disse que os cidadãos deveriam distinguir-se entre si por famílias e de cada uma delas escolher-se um número igual de conselheiros, para que as urbes maiores tenham mais, em função do número de cidadãos, e possam, como é justo, trazer mais votos. A potência de um estado e, consequentemente, o seu direito, deve, com efeito, medir-se pelo número de cidadãos. E não creio que possa inventar-se outro meio mais apto para manter esta igualdade entre cidadãos, os quais, por natureza, são todos feitos de tal modo que cada um quer ser associado aos do seu gênero e distinguir-se dos restantes pela estirpe.

19. Além disso, no estado natural, não há nada que cada um possa reivindicar menos para si e fazer seu por direito que o solo e tudo quanto lhe está ligado, porquanto não o pode esconder nem levar para onde quiser. O solo, portanto, e tudo aquilo que, pela razão que disse-

mos, lhe está por condição ligado é principalmente do direito comum da cidade, ou seja, de todos aqueles que, juntando forças, o possam reivindicar para si ou daquele a quem todos entregaram o poder. Por conseguinte, o solo e tudo o que lhe está ligado deve valer tanto para os cidadãos quanto é necessário para que possam fixar residência nesse lugar e defender o direito comum ou liberdade. Mostramos, de resto, no artigo 8 deste capítulo, as vantagens que a cidade daí tira necessariamente.

20. Para que os cidadãos sejam tanto quanto possível iguais, o que numa cidade é acima de tudo necessário, ninguém, a não ser os descendentes do rei, deve ser considerado nobre. Porém, se fosse permitido a todos os descendentes do rei casar e ter filhos, com o andar do tempo, o seu número aumentaria consideravelmente e seriam não só um ônus para o rei e para todos, mas, sobretudo, seriam extremamente temíveis. Porque os homens a quem abunda o ócio congeminam frequentemente crimes. Daí que, por causa sobretudo dos nobres, os reis sejam induzidos a fazer a guerra, uma vez que, rodeados de nobres, eles têm mais segurança e tranquilidade na guerra do que na paz. Deixo, porém, estas coisas, na medida em que são bastante conhecidas, tal como aquilo que disse do artigo 15 ao artigo 27 do capítulo anterior. Efetivamente, o principal foi demonstrado neste capítulo e o resto é evidente por si. [316]

21. É também conhecido de todos que os juízes devem ser tão numerosos que seja impossível a um privado corromper com presentes a maior parte deles; que não devem votar de braço no ar, mas por voto secreto; e que merecem uma recompensa pela dedicação. Porém, eles costumam, em toda a parte, receber um estipêndio anual, donde resulta não se apressarem muito a dirimir os litígios e, frequentemente, as questões nunca mais terem fim. De-

pois, onde quer que a confiscação de bens signifique emolumentos para os reis, muitas vezes, na instrução dos processos, não se olha ao direito ou à verdade, mas à dimensão das riquezas, as delações proliferam e quem quer que seja muito rico torna-se presa, tudo coisas graves e intoleráveis, que a necessidade das armas desculpa, mas que se mantêm também em tempo de paz. Porém a avareza dos juízes, que são nomeados para dois ou três anos, no máximo, é temperada pelo medo dos que lhe vão suceder. Isto, para não falar já no fato de eles não poderem ter bens imóveis e, para lucrar, terem de emprestar o seu dinheiro a juros aos concidadãos, estando, por isso, mais obrigados a atender aos seus interesses do que a armar-lhes ciladas, sobretudo se, como dissemos, os juízes forem eles próprios em número elevado.

22. Quanto ao exército, dissemos que não lhe deve ser atribuído nenhum salário, pois a maior recompensa do exército é a liberdade. No estado natural, efetivamente, cada um esforça-se por defender-se tanto quanto pode, só por causa da liberdade, e não espera outra recompensa para a virtude bélica senão estar sob jurisdição de si próprio. Porém, no estado civil, todos os cidadãos juntos devem ser considerados como um homem no estado natural, pelo que, enquanto militarem todos por esse estado, é por si que zelam e é a si que se dedicam. Mas os conselheiros, os juízes, os pretores, etc. estão mais disponíveis para os outros que para si mesmos, pelo que é justo atribuir-lhes uma recompensa pela dedicação. Acresce que na guerra não pode haver nenhum incitamento à vitória mais honesto, nem maior, do que a imagem da liberdade. Mas se, pelo contrário, uma parte dos cidadãos for designada para a milícia, sendo por conseguinte necessário atribuir-lhes também um certo estipêndio, o rei estará necessariamente a reconhecê-los como superiores aos restantes *(como mostramos no art. 12 deste cap.)*, eles que são ho-

mens que só conhecem as artes da guerra, que em tempo de paz, devido ao ócio excessivo, são corrompidos pelo luxo, e que, finalmente, como não têm fortuna de família, não pensam senão em rapinas, discórdias civis e guerras. Podemos até afirmar que um estado monárquico assim é realmente um estado de guerra, e que só o exército goza de liberdade, enquanto os restantes são servos.

23. Quanto ao que dissemos no artigo 32 do capítulo anterior sobre a admissão de estrangeiros no número dos cidadãos, creio ser óbvio por si mesmo. Julgo, além disso, que ninguém duvida de que aqueles que pelo sangue são mais chegados ao rei devem estar longe dele e distraídos com assuntos, não de guerra, mas de paz, de que resulte prestígio para eles e tranquilidade para o estado. Se bem que aos tiranos dos turcos nem sequer isso tenha parecido suficientemente seguro, razão por que é para eles uma religião matarem os irmãos todos. E não admira. Com efeito, quanto mais o direito do estado é absolutamente transferido para um só, mais facilmente ele pode ser transferido de um para outro, como mostramos com um exemplo no artigo 14 deste capítulo. Porém, o estado monárquico, tal como o concebemos aqui, ou seja, um estado em que nenhum soldado é mercenário, sem dúvida acautelará suficientemente, do modo que dissemos, a salvação do rei.

24. Tampouco pode alguém ter dúvidas quanto ao que dissemos nos artigos 34 e 35 do capítulo anterior. Que o rei não deve casar com uma estrangeira, demonstra-se facilmente. Com efeito, além do fato de duas cidades, mesmo que associadas entre si por uma aliança, estarem em estado de hostilidade *(pelo art. 14 do cap. III)*, tem de se acautelar primeiramente que a guerra não seja desencadeada por causa dos assuntos domésticos do rei; e como as controvérsias e dissensões nascem principalmente de

[318] uma associação por via matrimonial e as questões entre duas cidades se resolvem a maioria das vezes pelo direito de guerra, segue-se daqui que é funesto para um estado entrar em associação estreita com outro. Lemos na Escritura um exemplo fatal disso: morto Salomão, que tinha casado com uma filha do rei do Egito, o seu filho Roboão desencadeou uma guerra desastrosa contra Susac, rei dos egípcios, por quem foi completamente subjugado. O casamento de Luís XIV, rei de França, com a filha de Filipe IV foi também a semente de uma nova guerra. E, para além destes, leem-se na história muitos exemplos.

25. A forma do estado deve manter-se una e idêntica. Consequentemente, o rei deve ser um só, sempre do mesmo sexo, e o estado deve ser indivisível. Quanto a eu ter dito que o filho mais velho do rei sucederá por direito ao pai ou, se não houver nenhum filho, quem lhe esteja mais próximo pelo sangue, isso é manifesto, já pelo artigo 13 do capítulo anterior, já porque a escolha do rei, que é feita pela multidão, deve, se possível, ser eterna. De outra forma, acontecerá necessariamente a soberania transitar muitas vezes para a multidão, o que é a maior e, consequentemente, a mais perigosa das mudanças. Mas aqueles que sustentam que o rei, por ser senhor do estado e o deter por direito absoluto, pode entregá-lo a quem quiser e escolher quem quiser para sucessor, sendo por isso o filho do rei herdeiro do estado por direito, estão certamente enganados. Com efeito, a vontade do rei só tem força jurídica enquanto ele detiver o gládio da cidade, e o direito do estado define-se somente pela potência. O rei, portanto, pode ceder de fato o reino, mas não pode entregar o estado a outro, a não ser com a conivência da multidão ou da sua parte mais válida. Para que isto se entenda com mais clareza, convém notar que os filhos não são herdeiros dos pais por direito natural, mas civil. Com efeito, só a potência da cidade faz com que cada um seja dono de

certos bens, pelo que a mesma potência, ou direito, que faz com que seja ratificada a vontade pela qual alguém determina algo sobre os seus bens, faz também com que a mesma vontade permaneça ratificada depois da morte dele, enquanto a cidade durar, e, por isso, cada um no estado civil mantém após a morte o mesmo direito que tem em vida, uma vez que, como dissemos, não é tanto pela sua potência como pela potência da cidade, a qual é eterna, que pode determinar algo sobre os seus bens. Porém, a posição do rei é totalmente diferente. Porque a vontade do rei é o próprio direito civil, e o rei é a própria cidade. Morto, portanto, o rei, morre de certo modo a cidade, o estado civil volta ao natural e, por consequência, o poder soberano volta naturalmente à multidão, a qual pode por isso fundar por direito leis novas e ab-rogar as antigas. Desse modo, é evidente que ninguém sucede por direito ao rei, a não ser quem a multidão quer que seja sucessor ou, em teocracia, como foi outrora a cidade dos hebreus, quem Deus escolher através de um profeta. Podemos também deduzir isso do fato de o gládio do rei, ou direito, ser na realidade a vontade da própria multidão, ou da sua parte mais válida, ou ainda do fato de os homens dotados de razão jamais renunciarem ao seu direito a ponto de deixarem de ser homens e serem tratados como gado. Mas não é preciso alongar-me mais sobre isto.

[319]

26. Quanto ao resto, ninguém pode transferir para outrem o direito de religião, ou seja, de prestar culto a Deus. Mas nós já tratamos disto abundantemente nos dois últimos capítulos do *Tratado Teológico-Político*, pelo que é supérfluo repeti-lo aqui. Julgo, assim, ter demonstrado com suficiente clareza, se bem que sucintamente, quais os fundamentos do melhor estado monárquico. Quem quiser olhar para eles com alguma atenção observará facilmente a sua coerência, ou seja, a proporção do estado. Resta somente advertir que eu aqui penso no estado monárquico

que uma multidão livre institui, o único a que podem aplicar-se tais fundamentos. Com efeito, uma multidão que se habituou a outra forma de estado não poderá, sem grande perigo de desabamento, remover os fundamentos tradicionais de todo o estado e mudar toda a sua arquitetura.

27. Talvez isso que escrevemos dê vontade de rir aos que restringem só à plebe os vícios que são inerentes a todos os mortais[5], a saber, que no vulgo não há meio-termo, que é terrível se não teme, e que a plebe ou serve humildemente ou domina sobranceiramente, que é alheia à verdade e ao juízo, etc.; a verdade é que a natureza é só uma e é comum a todos. Mas nós somos enganados pela potência e pela cultura, e daí o dizermos muitas vezes, quando dois indivíduos fazem a mesma coisa, que a um deles é lícito, e ao outro não, fazê-la impunemente, não por ser diferente a coisa, mas quem a faz. A soberba é própria de quem domina. Se os homens se enchem de soberba com uma designação por um ano, o que não será com os nobres, que ostentam honrarias perpétuas! A arrogância destes, porém, reveste-se de fausto, de luxo, de prodigalidade, de uma certa conjugação de vícios, de douta tolice e de elegância na depravação, de tal maneira que vícios repugnantes e torpes se olhados um por um, pois nessa altura sobressaem maximamente, aparecem aos inexperientes e ignorantes como coisas honestas e dignas. Além disso, no vulgo não há meio-termo, se não teme, é terrível, pois a liberdade e a servidão não se misturam com facilidade. Finalmente, não é para admirar que não exista na plebe nenhuma verdade ou juízo, quando os principais assuntos de estado são tratados nas suas costas e ela não faz conjecturas senão a partir das poucas coisas que não podem ser escondidas. Suspender o juízo é, com efeito, uma virtude rara. Querer, portanto, tratar de tudo nas

---
5. Cf. o que ficou dito na Introdução acerca da plebe.

costas dos cidadãos e que eles não façam sobre isso juízos errados nem interpretem tudo mal é o cúmulo da estupidez. Com efeito, se a plebe pudesse moderar-se e suspender o juízo sobre coisas que conhece mal, ou julgar corretamente a partir do pouco que conhece, seria sem dúvida mais digno ela governar em vez de ser governada. Mas, como dissemos, a natureza é a mesma em todos. Todos se enchem de soberba com a dominação, se não temem, são terríveis, e em toda a parte a verdade é, a maioria das vezes, deformada pelos que lhe são hostis ou são culpados, principalmente onde domina um só, ou poucos, que não olham nos processos judiciais ao direito e à verdade, mas à extensão das riquezas.

28. Depois, os soldados a quem se paga, habituados à disciplina militar e a suportar o frio e a fome, costumam desprezar a turba dos cidadãos, por ser de longe inferior nos assaltos ou a combater em campo aberto. Mas ninguém que seja de mente sã afirmará que o estado é por esse motivo mais infeliz ou menos estável. Pelo contrário, quem quer que aprecie com equidade as coisas não negará que o mais estável de todos os estados é aquele que pode defender só o seu quinhão e não cobiçar o alheio, e que por isso se esforça por evitar de todos os modos a guerra e por defender a paz com o máximo empenho.

29. Reconheço, aliás, que os projetos deste estado dificilmente se podem manter secretos. Mas todos hão de também reconhecer comigo que é preferível os planos honestos do estado serem conhecidos dos inimigos a estarem escondidos dos cidadãos os perversos segredos dos tiranos. Aqueles que podem tratar em segredo dos assuntos de estado têm-no absolutamente em seu poder e, tal como fazem ao inimigo na guerra, assim em tempo de paz armam ciladas aos cidadãos. Que o silêncio seja muitas vezes útil ao estado ninguém pode negar; mas que sem

[321] ele o mesmo estado não possa subsistir, ninguém poderá jamais provar. Pelo contrário, confiar absolutamente a república a alguém e conseguir ao mesmo tempo a liberdade é impossível que aconteça. Daí que seja insensatez querer evitar um pequeno dano com o maior dos males. Na verdade, foi sempre essa a cantiga daqueles que cobiçam para si o estado absoluto: ser de todo o interesse da cidade que os seus assuntos sejam tratados em segredo e outras coisas do gênero, as quais, quanto mais se ocultam sob a máscara da utilidade, mais funesta é a escravidão a que arrastam.

30. Finalmente, ainda que nenhum estado, que eu saiba, tenha sido instituído segundo todas estas condições que dissemos, poderíamos contudo mostrar, até pela própria experiência, que esta é a melhor forma do estado monárquico, se quisermos considerar as causas da conservação de qualquer estado não bárbaro e as do seu desabamento. Mas isso não poderia ser feito aqui sem grande tédio para o leitor. Há só um exemplo que não quero passar em silêncio, porque me parece digno de ser recordado: é o estado dos aragoneses, os quais, possuídos de uma lealdade singular para com os seus reis e de igual constância, conservaram invioladas as instituições do reino[6]. Os aragoneses, com efeito, mal afastaram das cerviz o servil jugo dos mouros, decidiram escolher um rei. Mas como não se punham de acordo entre eles quanto às condições, resolveram por esse motivo consultar sobre tal matéria o Sumo Pontífice Romano. Este, agindo nesta matéria verdadeiramente como vigário de Cristo, repreendeu-os por,

....
6. A partir daqui, este parágrafo é quase uma transcrição, por vezes literal, de Antonio Perez, *Las obras y relaciones,* cit., pp. 139-47. Cf. a edição bilíngue do *TP*, realizada por Omero Proietti e Charles Ramond, cit., pp. 190-2; e Y. H. Yerusalmi, *Sefardica, Éssais sur l'histoire des juifs, des marranes et des nouveaux-chrêtiens d'origine hispano-portuguaise*, Paris, Éditions Chandeigne, 1998, pp. 220-2.

não advertidos o suficiente com o exemplo dos hebreus, quererem de ânimo tão obstinado procurar um rei. Persuadiu-os, porém, se não quisessem mudar de opinião, a não escolherem um rei sem primeiro instituírem procedimentos justos e consentâneos com o engenho da nação e, principalmente, a criarem um conselho supremo que se opusesse aos reis, como os éforos dos lacedemônios, e tivesse o direito absoluto de dirimir os litígios que nascessem entre o rei e os cidadãos. Seguindo este conselho, os aragoneses instituíram então direitos que a todos pareceram justíssimos, cujo supremo intérprete e, consequentemente, o supremo juiz seria, não o rei, mas o conselho a que chamam dos Dezessete e cujo presidente é apelidado de Justiça. Tanto este Justiça como estes Dezessete, escolhidos não por qualquer votação mas à sorte e vitaliciamente, tinham o direito absoluto de revogar e anular todas as sentenças proferidas contra qualquer cidadão por outros conselhos, políticos ou eclesiásticos, ou mesmo pelo rei, de tal modo que qualquer cidadão teria o direito de levar também o próprio rei perante este tribunal. Além disso, outrora tiveram também o direito de escolher o rei e de lhe retirar o poder. Ao cabo, porém, de muitos anos, o rei D. Pedro, de cognome o Punhal, conseguiu finalmente, à custa de intrigas, concessões, promessas e favores de todo o gênero, que este direito fosse rescindido (assim que o conseguiu, amputou na frente de todos uma mão com o punhal, ou feriu-a, coisa em que acredito mais facilmente, acrescentando que não era lícito aos súditos escolher o rei sem derramamento de sangue real), com uma condição, porém: *poderem, tal como podiam antes, pegar em armas contra qualquer força com que alguém quisesse apoderar-se do estado em prejuízo deles, ou mesmo contra o próprio rei e o príncipe, futuro herdeiro, se estes se apoderassem assim do estado.* Com esta condição, não aboliram tanto o direito anterior como o corrigiram. Com efeito, conforme mostramos nos artigos 5 e 6 do capítulo IV, o rei pode ser

[322]

privado da potência de mandar, não pelo direito civil, mas por direito de guerra, ou seja, só pela força é lícito aos súditos repelir a força dele. Além desta, foram estipuladas outras condições, que não interessam para o nosso objetivo. Semelhantes procedimentos, estabelecidos por unanimidade, mantiveram-se inviolados por um inacreditável espaço de tempo, sempre com igual lealdade dos reis para com os súditos e dos súditos para com o rei. Porém, quando o reino de Castela ficou em herança a Fernando, que foi o primeiro cognominado de "Católico", esta liberdade dos aragoneses começou a ser mal vista pelos castelhanos, os quais não cessavam, por isso, de persuadir Fernando a rescindir tais direitos. Ele, contudo, não habituado ainda ao estado absoluto, não ousou qualquer tentativa e respondeu aos conselheiros que *além de ter aceite o reino dos aragoneses com as condições que eles conheciam e jurado observá-las religiosamente, e além de não ser de homem quebrar a palavra dada, estava intimamente convencido de que o seu reino permaneceria estável enquanto a segurança do rei não fosse maior que a dos súditos, de tal maneira que nem o rei preponderasse sobre os súditos nem, pelo contrário, os súditos sobre o rei. Com efeito, se uma parte ficasse mais potente do que a outra, a parte mais fraca esforçar-se-ia não só por recuperar a igualdade anterior, mas também por retribuir à outra os danos que dela recebera, de onde se seguiria a ruína de uma delas ou de ambas.* Eu jamais poderia, sem dúvida, admirar o bastante tão sábias palavras, se elas tivessem sido pronunciadas por um rei habituado a mandar em escravos e não em homens livres. Os aragoneses mantiveram, portanto, a liberdade depois de Fernando, não já por direito, mas por graça dos mais potentes reis até Filipe II, que os dominou a eles com mais sucesso mas não com menos crueldade que às Províncias Unidas. E, embora Filipe III pareça ter restituído tudo na íntegra, os aragoneses, a maior parte deles por desejo de adular os mais potentes (é, com efeito, insensatez meter calços contra aguilhões) e os restantes cheios de medo, não retiveram nada da liberdade a não ser especiosos vocábulos e inócuos procedimentos.

31. Concluímos, assim, que a multidão pode conservar sob um rei uma liberdade bastante ampla, desde que consiga que a potência do rei seja determinada somente pela potência da mesma multidão e mantida sob a guarda desta. Foi esta a única regra que segui ao lançar os fundamentos do estado monárquico.

Capítulo VIII

De como o estado aristocrático deve ser constituído por um número grande de patrícios. Da sua superioridade e de como ele se aproxima mais do estado absoluto que o monárquico e, por esse motivo, é mais apto para conservar a liberdade.[1]

1. Até aqui, tratou-se do estado monárquico. Diremos agora de que modo o aristocrático deve ser instituído para que possa manter-se. O estado aristocrático, dissemos, é aquele que é detido não por um só, mas por alguns escolhidos dentre a multidão, a quem de ora em diante chamaremos patrícios. Digo expressamente *que é detido por alguns escolhidos*. A principal diferença entre o estado aristocrático e o democrático é, com efeito, esta: no aristocrático o direito de governar depende unicamente da escolha, ao passo que no democrático ele depende acima de tudo de um certo direito inato ou adquirido por fortuna, como a seu tempo diremos. Assim, mesmo que a multidão de um estado esteja toda incluída no número dos patrícios, desde que esse direito não seja hereditário nem transmissível a outros por uma lei comum, o estado será to-

---

1. Único título de capítulo, provavelmente introduzido *a posteriori*, tal como o subtítulo da obra, pelos editores das *OP*.

[324] talmente aristocrático, na medida em que ninguém, a não ser os expressamente escolhidos, está incluído no número dos patrícios. Mas, se estes forem só dois, cada um deles tentará estar acima do outro e o estado, em virtude da excessiva potência de cada um, facilmente se dividirá em duas partes, ou em três, quatro ou cinco, se forem três, quatro ou cinco os que o detêm. As partes, porém, serão tanto mais fracas quanto mais forem aqueles a quem o estado for entregue. Donde se segue que, no estado aristocrático, para que ele seja estável, temos necessariamente de ter em conta, na determinação do número mínimo de patrícios, a grandeza do próprio estado.

2. Suponhamos, então, que para um estado de grandeza média é suficiente haver cem dos melhores homens, a quem se delegue o poder soberano do estado e a quem, por conseguinte, competirá o direito de escolher os colegas patrícios quando algum deles morrer. Certamente, eles esforçar-se-ão de todos os modos para que os filhos ou os que lhes são próximos pelo sangue lhes sucedam, de sorte que o poder soberano do estado estará sempre nas mãos daqueles que tiverem a fortuna de ser filhos ou consanguíneos de patrícios. E como entre os cem homens que devido à fortuna ascendem às honras dificilmente se encontram três que sobressaiam e sejam estimados pela habilidade e pela prudência, acontece que o poder do estado não está nas mãos de cem, mas de dois ou três que sobressaem pela virtude do ânimo e cada um dos quais poderá facilmente chamar tudo a si e aplanar, segundo o costume da humana cobiça, o caminho para a monarquia. Assim, se fizermos corretamente os cálculos, é necessário que o poder soberano de um estado cuja grandeza exige pelo menos cem dos melhores esteja delegado em pelo menos cinco mil patrícios. Com esta proporção nunca se dará o caso de não se encontrarem cem que sejam excelentes pela virtude anímica, posto que, em cinquenta que

ambicionam as honras e que as alcançam, encontrar-se-á sempre um que não é inferior aos melhores, fora os outros que tentam imitar as virtudes dos melhores e que, por isso, também são dignos de governar.

3. Os patrícios costumam frequentemente ser cidadãos de uma só urbe, que é a capital de todo o estado, de tal maneira que a cidade ou república toma o nome desta, como outrora a romana e, hoje em dia, a veneziana, a genovesa, etc. Porém, a república dos holandeses tem o nome de toda a província, donde resulta que os súditos deste estado gozem da maior liberdade. Agora, ainda antes de podermos determinar os fundamentos em que deve assentar este estado aristocrático, deve notar-se a diferença entre o estado que é transferido para um só e aquele que é transferido para um conselho bastante grande, a qual, sem dúvida, é enorme. Em primeiro lugar, a potência de um só homem *(como dissemos no art. 5 do cap. VI)* é de longe incapaz de suster todo o estado, coisa que ninguém poderá dizer, sem manifesto absurdo, de um conselho suficientemente grande: quem, com efeito, afirma que um conselho é suficientemente grande nega, ao mesmo tempo, que ele seja incapaz de suster o estado. O rei, portanto, precisa absolutamente de conselheiros, mas um conselho desse tipo, de modo algum. Depois, os reis são mortais e os conselhos, pelo contrário, são eternos[2]: assim, a potência do estado, uma vez transferida para um conselho suficientemente grande, nunca torna à multidão, o que não acontece no estado monárquico, conforme mostramos no artigo 25 do capítulo anterior. Terceiro, o estado monárquico é muitas vezes precário, seja pela pouca idade do rei,

[325]

----
2. Inversão do princípio medieval que diz que "o rei não morre", em conformidade com a concepção dos "dois corpos do rei". Cf. Ernst Kantorowicz, *The King's Two Bodies, A Study in Medieval Political Theology*, Princeton University Press, 1957.

seja pela sua doença, ou pela velhice, ou por outras causas, enquanto a potência do conselho, pelo contrário, se mantém sempre idêntica. Quarto, a vontade de um só homem é particularmente variável e inconstante e, por isso, todo o direito do estado monárquico é vontade do rei explicitada *(como dissemos no art. 1 do cap. anterior)*, mas nem toda a vontade do rei deve ser direito, coisa que não pode dizer-se da vontade de um conselho suficientemente grande. Com efeito, na medida em que o próprio conselho (como dissemos há pouco) não precisa de conselheiros nenhuns, toda a sua vontade explicitada deve necessariamente ser direito. Concluímos, por conseguinte, que o estado que é transferido para um conselho suficientemente grande é absoluto, ou aproxima-se maximamente do estado absoluto. Com efeito, a dar-se um estado absoluto, este é realmente o que é detido por toda a multidão.

4. Contudo, na medida em que este estado aristocrático jamais torna à multidão *(como há pouco mostramos)*, nem há nele alguma consulta à multidão, pelo contrário, absolutamente toda a vontade do conselho é direito, deve-se considerá-lo como totalmente absoluto e, por conseguinte, os seus fundamentos devem assentar só na vontade e no juízo deste conselho, não na vigilância da multidão, uma vez que ela está afastada tanto das deliberações como das votações. A razão pela qual, na prática, não é um estado absoluto não pode ser, portanto, senão o fato de a multidão meter medo aos que mandam e, desse modo, conseguir alguma liberdade para si, a qual reivindica e mantém, se não expressamente na lei, ao menos tacitamente.

5. É, pois, evidente que a condição deste estado será a melhor se ele for instituído de forma que se aproxime maximamente do estado absoluto, isto é, que a multidão seja de temer o menos possível e não mantenha nenhuma

liberdade senão aquela que, segundo a constituição do próprio estado, lhe deve ser necessariamente atribuída, a qual será por isso um direito, não tanto da multidão quanto de todo o estado, que só os aristocratas reivindicam e conservam como seu. Desse modo, a prática estará maximamente de acordo com a teoria, como transparece do artigo anterior e é também manifesto por si. Não podemos, com efeito, duvidar de que o estado estará tanto menos nas mãos dos patrícios quanto mais a plebe reivindicar para si vários direitos, como os que costumam ter, na Alemanha meridional, as corporações de artesãos, vulgarmente chamadas *gilden*.

6. E não há aqui que temer, pelo fato de o estado ser absolutamente delegado no conselho, algum perigo de servidão humilhante para a plebe. Com efeito, a vontade de um tão grande conselho não pode ser tão determinada pela volúpia quanto pela razão, visto que os homens são arrastados divergentemente pelos maus afetos e não podem conduzir-se como que por uma só mente senão quando desejam coisas honestas ou que, pelo menos, tenham aspecto de honestas.

7. Na determinação dos fundamentos do estado aristocrático deve, pois, ter-se principalmente em atenção que eles estejam assentes só na vontade e na potência deste conselho supremo, de tal maneira que este mesmo conselho esteja, tanto quanto possível, sob jurisdição de si próprio e não corra nenhum perigo da parte da multidão. Para determinar esses fundamentos, ou seja, para que eles estejam assentes só na vontade e na potência do conselho supremo, vejamos quais os fundamentos da paz que são próprios do estado monárquico e estranhos a este. Com efeito, se os substituirmos por outros fundamentos equivalentes que sejam idôneos para o estado aristocrático, e deixarmos os outros tais como já estão, todas as causas de

[327] revoltas serão sem dúvida afastadas ou, pelo menos, este estado não será menos seguro que o monárquico; pelo contrário, será tanto mais seguro e a sua condição será tanto melhor, quanto maior for, relativamente ao monárquico, a sua proximidade ao absoluto sem prejuízo da paz e da liberdade *(ver arts. 3 e 6 deste cap.)*. Com efeito, quanto maior é o direito do poder soberano, mais a forma do estado é conforme ao que dita a razão *(pelo art. 5 do cap. III)* e, consequentemente, mais apta é para conservar a paz e a liberdade. Passemos, pois, em revista o que dissemos no artigo 9 do capítulo VI, para rejeitarmos o que é alheio a este estado e vermos o que lhe é adequado.

8. Que seja necessário, em primeiro lugar, fundar e fortificar uma ou várias urbes, ninguém pode duvidar. Deve ser fortificada, principalmente, aquela que é a capital de todo o estado e, além dessa, as que estão nas fronteiras. Com efeito, a que é a capital de todo o estado, e tem o direito soberano, deve ser mais potente que todas. Quanto ao resto, neste estado é totalmente supérfluo que todos os habitantes estejam divididos em famílias.

9. No que respeita ao exército, visto que neste estado não há que procurar a igualdade entre todos, mas só entre os patrícios, e visto sobretudo que a potência dos patrícios é maior que a da plebe, é claro que não pertence às suas leis ou direitos fundamentais o exército não ser formado senão por súditos. Mas é sobremaneira necessário que no número dos patrícios não se inclua nenhum que não conheça corretamente a arte militar, embora seja sem dúvida um disparate excluir os súditos do exército, como querem alguns. Com efeito, além de o estipêndio do exército pago a súditos permanecer no reino, enquanto se for pago a soldados estrangeiros ele será todo perdido, acresce ainda que o vigor máximo do estado se debilitaria. É efetivamente certo combaterem com singular virtu-

de anímica os que combatem pelos seus altares e pelos seus lares. Donde é também evidente que não estão menos errados os que defendem que os generais, tribunos, centuriões, etc. devem ser escolhidos só dentre os patrícios. Com efeito, com que virtude combaterão soldados a quem se retira toda a esperança de glória e de alcançar honras? Mas estabelecer uma lei que, pelo contrário, proibisse os patrícios de contratar soldados estrangeiros quando a coisa o exige, seja para sua defesa e para reprimir revoltas, seja por quaisquer outros motivos, além de ser imprudente, seria também contra o direito soberano dos patrícios *(sobre isto, ver os arts. 3, 4 e 5 deste cap.)*. Quanto ao mais, o chefe, quer de uma só divisão, quer de todo o exército, deve ser escolhido só em tempo de guerra e só dentre os patrícios, ficando com o comando supremo por um ano, sem poder continuar nem voltar depois a ser escolhido, direito que, tal como no monárquico, é maximamente necessário neste estado. Com efeito, embora seja muito mais fácil, como acima dissemos, transferir o estado de um homem para outro do que de um conselho livre para um só homem, acontece contudo frequentemente que os patrícios são oprimidos pelos seus chefes; e isso ainda é maior dano para a república, pois quando se depõe um monarca não se faz uma mudança de estado, mas só de tirano, ao passo que, no estado aristocrático, tal não pode acontecer sem o desabamento do estado e a ruína dos seus maiores homens, coisas de que Roma deu funestíssimos exemplos. Quanto ao resto, a razão por que dissemos que o exército, no estado monárquico, deve prestar serviço sem receber salário não tem lugar num estado assim. Com efeito, na medida em que os súditos estão excluídos tanto das deliberações como das votações, eles são considerados como estrangeiros e, por isso, não devem ser contratados para o exército em condições piores que os estrangeiros. E não há aqui o perigo de o conselho os preferir aos demais. Até para não ser cada um o avalia-

[328]

dor – mau, como de costume – dos seus próprios feitos, será mais prudente que os patrícios atribuam uma recompensa fixa aos soldados pelo seu serviço.

10. Além disso, também por este motivo que é o serem todos estrangeiros fora os patrícios, não pode acontecer, sem perigo para todo o estado, que os campos, as casas e todo o solo fiquem de direito público e alugados aos habitantes por uma renda anual. Com efeito, os súditos, na medida em que não têm nenhuma participação no estado, facilmente abandonariam nas adversidades todas as urbes, se fosse lícito levarem os bens que possuem para onde quisessem. Por isso os campos e herdades deste estado não deverão ser alugados, mas vendidos aos súditos, na condição porém de eles também descontarem, cada ano, uma parte do rendimento, etc., como acontece na Holanda.

11. Feitas estas considerações, passo aos fundamentos em que deve assentar e firmar-se o conselho supremo. Mostramos no artigo 2 deste capítulo que os membros deste conselho, num estado de dimensão média, devem ser à volta de cinco mil. Deve por isso investigar-se qual a proporção para que o estado não se torne paulatinamente de cada vez menos homens e, pelo contrário, o número deles aumente na proporção do desenvolvimento do próprio estado; para que, além disso, se conserve, tanto quanto possível, a igualdade entre patrícios; para que se dê andamento célere aos assuntos nos conselhos; para que se atenda ao bem comum; e, finalmente, para que a potência dos patrícios ou do conselho seja maior que a da multidão, mas de modo tal que esta não sofra com isso nenhum prejuízo.

12. A maior dificuldade para alcançar o primeiro desses objetivos nasce da inveja. Os homens são, com efeito,

tal como dissemos, inimigos por natureza, de tal maneira que, embora se unam e vinculem pelas leis, retêm contudo a natureza. Julgo que seja por isso que acontece os estados democráticos mudarem para aristocráticos e estes, finalmente, para monárquicos. Com efeito, estou plenamente persuadido de que a maior parte dos estados aristocráticos, antes, foram democráticos, ou seja, que uma multidão que procurava novas terras, após encontrá-las e cultivá-las, reteve na íntegra o direito igual de mandar, pois ninguém entrega voluntariamente a outrem o mando[3]. Ora, se bem que cada um considere ser justo ter sobre o outro o mesmo direito que este tem sobre ele, julga contudo que é injusto o direito dos estrangeiros, que confluem para junto deles, ser igual ao seu no estado que eles haviam procurado para si com trabalho e ocupado com derramamento do próprio sangue. Os próprios estrangeiros, que não emigram para mandar, mas para tratar das suas coisas privadas, não se opõem a isso, e julgam que já se lhes concede o suficiente ao conceder-se-lhes a liberdade de tratarem das suas coisas em segurança. Mas, entretanto, a multidão aumenta com a afluência de estrangeiros, os quais adotam paulatinamente os costumes daquela gente, até que, por fim, já não se distinguem por nenhuma outra diferença a não ser o não possuírem direito de alcançar as honras. E, enquanto o número deles cresce de dia para dia, o dos cidadãos, pelo contrário, diminui e, por múltiplas causas – uns porque as famílias muitas vezes se extinguem, outros porque são excluídos por crimes, a maior parte pela pressão das coisas domésticas –, negligenciam a república, enquanto os mais potentes não procuram senão reinar sozinhos. Assim, paulatinamente, o estado é entregue a uns poucos e, por fim, devido às facções, a um só. E a estas poderíamos acrescentar outras

---

3. No original, *imperium*.

causas que assim destroem os estados. Mas como elas são suficientemente conhecidas, passo adiante e vou agora apresentar por ordem as leis pelas quais deve conservar-se este estado de que estamos a tratar.

[330]
13. A primeira lei deste estado deve ser a que determina a proporção do número de patrícios relativamente à multidão. Deve, efetivamente *(pelo art. 1 deste cap.)*, haver entre esta e aqueles uma proporção tal que aumente, com o crescimento de multidão, o número de patrícios. E essa proporção *(pelo que dissemos no art. 2 deste cap.)* deve ser aproximadamente de um para cinquenta, de modo que a desigualdade numérica entre patrícios e multidão nunca seja maior. Com efeito *(pelo art. 1 deste cap.)*, o número de patrícios pode ser muito maior que o da multidão e a forma do estado conservar-se. Só na sua escassez é que existe perigo. Mas já mostrarei, no devido momento, em que medida se deve tomar precauções para que essa lei se conserve inviolada.

14. Em certos lugares, os patrícios são escolhidos só dentre algumas famílias. Mas é pernicioso estatuir isto expressamente no direito. Com efeito, além de as famílias, muitas vezes, se extinguirem e de nunca ser sem ignomínia que as restantes estão excluídas, acresce que repugna à forma deste estado a dignidade patrícia ser hereditária *(pelo art. 1 deste cap.)*. Um estado assim mais parece um democrático como o que descrevemos no artigo 12 deste capítulo, a saber, um estado que é detido por muito poucos cidadãos. Contudo, tomar precauções para que os patrícios não escolham os seus filhos e consanguíneos e, consequentemente, para que o direito de mandar não permaneça em certas famílias é impossível e mesmo absurdo, conforme mostrarei no artigo 39 deste capítulo. Na verdade, desde que não o mantenham por nenhum direito explícito e que os restantes (a saber, os que nasceram no es-

tado, usam a língua pátria, não têm mulher estrangeira, não são de má fama, não são servos nem, finalmente, ganham a vida em algum ofício servil, entre os quais se devem também incluir os taberneiros e cervejeiros) não sejam excluídos, preservar-se-á ainda assim a forma do estado e poderá sempre conservar-se a proporção entre patrícios e multidão.

15. Se, além disso, se estatuir na lei que nenhum dos mais jovens seja escolhido, jamais acontecerá poucas famílias reterem o direito de mandar. Deve por isso estatuir-se na lei que só os que já têm trinta anos de idade poderão ser inscritos na lista dos elegíveis.

16. Deve, depois, em terceiro lugar, estatuir-se que todos os patrícios, em certas datas previamente estabelecidas, devem reunir-se num determinado local da urbe e que seja aplicada uma multa, num valor pecuniário que se sinta, a quem não participar no conselho, salvo se impedido por doença ou por algum assunto público. Porque, se não se fizer isso, a maioria negligenciará as incumbências públicas por causa das coisas domésticas.

[331]

17. A tarefa deste conselho será criar e ab-rogar leis e escolher os colegas patrícios e todos os funcionários do estado. Não pode, efetivamente, dar-se o caso de quem tem o direito soberano, como estabelecemos que este conselho teria, dar a alguém o poder de criar leis e de as ab-rogar, sem que ao mesmo tempo não ceda o seu direito e o transfira para aquele a quem deu esse poder, pois quem tenha, nem que seja por um só dia, o poder de criar e ab-rogar leis, esse pode mudar toda a forma do estado. O conselho pode, no entanto, preservando o seu direito soberano, confiar temporariamente a outros a administração dos assuntos quotidianos do estado segundo os direitos constituídos. Além disso, se os funcionários do estado

fossem escolhidos por alguém que não este conselho, então os seus membros deveriam chamar-se pupilos em vez de patrícios.

18. Alguns costumam criar para este conselho um dirigente, ou príncipe, ora vitalício, como os venezianos, ora temporário, como os genoveses, mas com tanta precaução que resulta bastante claro que não é sem grande perigo para o estado que se faz isso. E, decerto, não podemos duvidar de que, com esta medida, o estado chega a monárquico. Tanto quanto podemos conjecturar pelas suas histórias, tal não aconteceu, de resto, por nenhuma outra causa a não ser eles terem estado, antes de constituídos estes conselhos, sob um dirigente, ou chefe, como se fosse sob um rei. Por isso, a nomeação de um dirigente é com certeza um requisito necessário para uma dada nação, mas não para o estado aristocrático considerado em geral.

19. Contudo, uma vez que o poder soberano deste estado está nas mãos de todo este conselho mas não de cada um dos seus membros (pois de outra forma seria um ajuntamento de multidão desordenada), é necessário que todos os patrícios estejam de tal maneira amarrados pelas leis que componham como que um só corpo que é regido por uma só mente. As leis, contudo, nada valem por si sós e são facilmente infringidas, quando os seus garantes são aqueles mesmos que podem pecar e os únicos que devem extrair a lição do suplício e punir por esse motivo os colegas, para que estes refreiem o seu apetite com o medo desse suplício, o que é um absurdo enorme. Deve, por isso, procurar-se um meio de a ordem deste conselho supremo e os direitos do estado se manterem inviolados, porém de modo que exista entre os patrícios, tanto quanto possível, igualdade.

20. Mas do fato de haver um dirigente ou príncipe, [332] que também pode votar nos conselhos, tem necessariamente de nascer uma grande desigualdade, sobretudo pela potência que necessariamente se lhe deve conceder para que possa desempenhar mais seguramente o seu cargo. Não há, portanto, nada que se possa instituir de mais útil à salvação comum, se ponderarmos tudo corretamente, que subordinar este conselho supremo a um outro, constituído por alguns patrícios, cuja única tarefa seja vigiar para que os direitos do estado, respeitantes aos seus funcionários e aos conselhos, se conservem inviolados e que, por isso, tenham o poder de chamar a julgamento e condenar, segundo os direitos constituídos, qualquer funcionário do estado que seja delinquente, isto é, que pecou contra os direitos que respeitam à sua função. Chamar-lhes-emos, daqui em diante, síndicos.

21. E devem ser escolhidos vitaliciamente. Com efeito, se eles fossem escolhidos a prazo, de tal modo que pudessem depois ser chamados para outros cargos do estado, cair-se-ia no absurdo que mostramos, há pouco, no artigo 19 deste capítulo. Mas para que não se tornem arrogantes com um mandato demasiado longo, só devem ser escolhidos para este cargo os que atingiram sessenta anos ou mais e desempenharam tarefas no senado, de que falaremos a seguir.

22. Além disso, será fácil determinar o seu número se considerarmos que estes síndicos estão para os patrícios como o conjunto de todos os patrícios está para a multidão, a qual não poderão governar se forem em número inferior ao que é justo. Por conseguinte, o número de síndicos deve estar para o número de patrícios como o número destes para o da multidão, isto é *(pelo art. 13 deste cap.)*, na proporção de 1 para 50.

23. Por outro lado, para que este conselho possa desempenhar em segurança a sua tarefa, deve ser-lhe atribuída uma parte do exército, à qual ele possa dar as ordens que quiser.

24. Aos síndicos, ou a qualquer funcionário do estado, não deve ser atribuído nenhum salário, mas emolumentos tais que não possam, sem grande dano para si próprios, administrar mal a república. Com efeito, não podemos duvidar de que é justo atribuir aos funcionários deste estado um prêmio de dedicação, porque a maior parte deste estado é plebe, por cuja segurança os patrícios zelam, ao passo que ela não tem nenhuma preocupação com a república mas só com o que é privado. Pelo contrário, uma vez que ninguém *(como dissemos no art. 4 do cap. 7)* defende a causa alheia senão na medida em que acredita consolidar com isso a própria, as coisas devem necessariamente estar de tal modo ordenadas que os funcionários que se ocupam da república tirem tanto mais proveito para si quanto mais zelarem pelo bem comum.

[333]

25. Aos síndicos, portanto, cuja tarefa, como dissemos, é vigiar para que os direitos do estado se conservem invioláveis, devem ser atribuídos os seguintes emolumentos: cada pai de família que habite em algum lugar do estado será obrigado a pagar aos síndicos, todos os anos, uma moeda de pequeno valor, a saber, um quarto de uma onça de prata, a fim de que, por aí, eles possam conhecer o número de habitantes e, desse modo, observar se os patrícios perfazem a respectiva quota-parte; depois, cada novo patrício, ao ser escolhido, terá de pagar aos síndicos uma soma avultada, por exemplo, vinte ou vinte e cinco libras de prata. Além disso, os pagamentos a que forem condenados os patrícios faltosos (ou seja, que não comparecerem a um conselho convocado) devem igualmente

ser atribuídos aos síndicos, mais uma parte dos bens dos funcionários delinquentes que tenham de ir a julgamento e multados em determinada quantia, ou cujos bens sejam confiscados, a qual deve ser-lhes destinada, embora não a todos, mas só aos que lá estão diariamente e cuja tarefa é convocar o conselho de síndicos (*sobre estes, ver o art. 28 do presente capítulo*). Porém, para que do conselho de síndicos conste sempre o devido número, deve esta questão ser a primeira a tratar no conselho supremo, reunido em sessão ordinária. Porque, se isto for negligenciado pelos síndicos, então incumbe àquele que preside ao senado (do qual teremos ocasião de falar daqui a pouco) admoestar o conselho supremo sobre isso, exigir do presidente dos síndicos uma razão para tal silêncio e inquirir a opinião do conselho supremo sobre ela. Se também este se calar, a causa será avocada pelo presidente do supremo tribunal ou, se também ele se calar, por qualquer outro patrício que exija aos presidentes, tanto dos síndicos, como do senado e dos juízes, uma razão para aquele silêncio. Por último, para que seja também estritamente observada aquela lei pela qual se excluem os mais jovens, deve estatuir-se que todos os que atingiram os trinta anos, e não estejam expressamente excluídos da governação pelo direito, cuidem de inscrever o seu nome no rol, perante os síndicos, e recebam destes, mediante um preço estabelecido, um sinal da honra recebida, a fim de que lhes seja lícito usar um certo distintivo, só a eles concedido, pelo qual serão reconhecidos e honrados pelos restantes. Entretanto, deve estar consignado no direito que nas eleições não será lícito a nenhum patrício nomear alguém cujo nome não esteja inscrito no rol comum, e isto sob grave pena; da mesma forma não será lícito a ninguém recusar o cargo ou responsabilidade para que é escolhido. Finalmente, para que todos os direitos absolutamente fundamentais do estado sejam eternos, deve estatuir-se que, se alguém no conselho supremo puser em ques-

[334]

tão algum direito fundamental, como, por exemplo, que se prolongue o comando a um chefe do exército, ou que se diminua o número de patrícios, e coisas semelhantes, será réu de lesa-majestade, e não apenas será condenado à morte e os seus bens confiscados, como além disso se erguerá em público um sinal do suplício, para eterna memória disto. Quanto à estabilidade dos restantes direitos comuns do estado, basta apenas estatuir que nenhuma lei possa ser ab-rogada, nem criada uma nova, sem que estejam de acordo, primeiro, o conselho dos síndicos e, depois, três quartos ou quatro quintos do conselho supremo.

26. O direito de convocar o conselho supremo e de propor as matérias a decidir aí deve estar nas mãos dos síndicos, a quem se concederá também o primeiro lugar no conselho, ainda que sem direito de voto. Antes, porém, de se sentarem, devem jurar, pela salvação deste conselho supremo e pela liberdade pública, que se esforçarão com o maior empenho para que os direitos da pátria se conservem inviolados e para que se atenda ao bem comum. Feito isso, será aberta a ordem de trabalhos por um funcionário que os secretaria.

27. Mas, para que seja igual o poder de todos os patrícios, tanto a decidir como a escolher os funcionários do estado, e para que a tudo seja dado andamento célere, deve absolutamente aprovar-se o método que observam os venezianos, os quais, para nomear os funcionários do estado, escolhem à sorte uns tantos do conselho e, após estes nomearem por ordem os funcionários elegíveis, cada patrício indica por meio de bolas a sua opinião, aprovando ou reprovando o funcionário proposto, de modo a não se saber depois quem foi o autor desta ou daquela opinião. Desse modo, não só a autoridade de todos os patrícios é igual nas deliberações e os assuntos são rapidamente despachados, como além disso cada um tem a liberdade ab-

soluta, que nos conselhos é especialmente necessária, de proferir a sua opinião sem nenhum risco de inveja.

28. Também no conselho dos síndicos e nos restantes deve observar-se o mesmo método, ou seja, fazerem-se votações por meio de bolas. Porém, o direito de convocar o conselho dos síndicos e de propor as matérias a serem aí decididas convém que esteja nas mãos do seu presidente, o qual, com outros dez ou mais síndicos, estará lá diariamente para ouvir as queixas e acusações secretas da plebe relativas aos funcionários e proteger, se a matéria o exigir, os acusadores, e bem assim para convocar o conselho, mesmo antes da data estabelecida para as suas reuniões ordinárias, se algum deles considerar que há perigo na demora. Tal presidente, bem como os que diariamente se reúnem com ele, devem ser escolhidos pelo conselho supremo, obviamente dentre o número dos síndicos, não vitaliciamente, mas por seis meses só renováveis passados três ou quatro anos. E é a eles que devem ser atribuídos, como dissemos atrás, os bens confiscados e as multas em dinheiro, ou uma parte disso. As restantes coisas que respeitam aos síndicos di-las-emos a seu tempo.

29. O segundo conselho, que deve estar subordinado ao supremo, chamá-lo-emos de senado, e a sua tarefa será tratar dos assuntos públicos, como, por exemplo, promulgar os direitos do estado, ordenar as fortificações das cidades segundo os direitos, conceder as patentes ao exército, impor tributos aos súditos e aplicá-los, responder aos embaixadores estrangeiros e decidir para onde devem ser enviados os próprios. Mas escolher os embaixadores é tarefa do conselho supremo. Com efeito, deve antes de mais impedir-se que um patrício possa ser chamado para alguma função do estado sem ser pelo próprio conselho supremo, a fim de que os patrícios não tentem granjear os

favores do senado. Depois, deve ir a conselho supremo tudo aquilo que de algum modo altere o presente estado das coisas, como são os decretos sobre a guerra e a paz. Assim, os decretos do senado sobre a guerra e a paz, para serem ratificados, devem ser confirmados pela autoridade do conselho supremo; e por esse motivo também, eu seria de parecer que a imposição de novos tributos pertencesse apenas ao conselho supremo e não ao senado.

[336]   30. Para determinar o número de senadores, deve ter-se em consideração o seguinte: primeiro, que exista em todos os patrícios uma esperança igualmente grande de serem admitidos na ordem dos senadores; depois, que os senadores a quem o tempo para que foram escolhidos já caducou possam, não obstante, ser reconduzidos após um intervalo não muito longo, para que assim o estado seja sempre governado por homens hábeis e experientes; e, finalmente, que entre os senadores se encontrem vários reconhecidos pela sabedoria e a virtude. Para satisfazer todas estas condições, não há nada que se possa excogitar senão instituir por lei que ninguém que não tenha ainda cinquenta anos seja admitido na ordem senatorial e que sejam escolhidos quatrocentos, isto é, aproximadamente a duodécima parte dos patrícios, por um ano, passado o qual eles possam, dois anos depois, continuar de novo. Assim, a duodécima parte dos patrícios desempenhará sempre, com apenas uns breves intervalos pelo meio, o cargo de senador, número esse que, somado ao que perfazem os síndicos, não ficará com certeza muito aquém do número de patrícios que já atingiram os cinquenta anos de idade. Desse modo, será sempre grande em todos os patrícios a esperança de alcançarem a ordem senatorial, ou dos síndicos, e, não obstante, os mesmos patrícios, salvo por breves intervalos de permeio, como dissemos, deterão sempre a ordem senatorial e *(pelo que dissemos no art. 2 deste cap.)* jamais hão de faltar no sena-

do homens de grande valor, que se distingam pela sensatez e pela habilidade. E, uma vez que não se pode infringir esta lei sem grande inveja de muitos patrícios, não é preciso, para que ela esteja sempre em vigor, nenhuma outra precaução além da seguinte: cada patrício, quando chegar à idade que dissemos, fará prova disso aos síndicos, que o incluirão no rol dos que se destinam a ocupar responsabilidades senatoriais e lerão no conselho supremo o nome dele, a fim de que ocupe nesse conselho, com os restantes do mesmo nível, o lugar que lhe está reservado e que será próximo do dos senadores.

31. Os emolumentos dos senadores devem ser tais que, para eles, seja de mais utilidade a paz do que a guerra. Assim, ser-lhes-á atribuída uma centésima ou uma quinquagésima parte das mercadorias exportadas do estado para outros países ou importadas de outros países para o estado. Porque não há dúvida de que, desse modo, eles defenderão tanto quanto puderem a paz e nunca tentarão arrastar a guerra[4]. Nem os próprios senadores, se alguns deles forem comerciantes, devem estar isentos dessa taxa, pois uma tal isenção é inconcebível sem grande perda para o comércio, coisa que julgo ninguém ignorar. Pelo contrário, deve ainda estatuir-se na lei que nenhum senador, ou alguém que já desempenhou esse cargo, possa desempenhar alguma responsabilidade no exército e, além disso, que não seja lícito nomear nenhum comandante ou pretor (cargos que, dissemos no artigo 9 deste capítulo, só em tempo de guerra devem dar-se ao exército), dentre aqueles cujo pai ou avô é senador ou ocupou a dignidade

[337]

....
4. Formulação muito próxima das que encontramos nos teóricos da razão de estado, dita antimaquiavélica, que antecipam o mercantilismo e a concepção do interesse como fonte de pacificação dos povos e de poder dos soberanos. Cf. G. Botero, *Della Ragione di Stato* (1589), Livro VIII, trad. port. de Rafaella Lomgobardi Ralha, Coimbra, INIC, 1992, pp. 153-72.

senatorial nos dois últimos anos. E não há dúvida de que os patrícios que estão fora do senado defenderão com o maior vigor esses direitos, fazendo assim com que o emolumento dos senadores seja sempre maior na paz do que na guerra, razão pela qual eles nunca exortarão à guerra, a não ser que uma suprema necessidade do estado obrigue. Podem-nos, contudo, objetar que, a ser assim, isto é, a se atribuírem emolumentos tão grandes aos síndicos e aos senadores, o estado aristocrático não será menos oneroso para os súditos do que o monárquico. Mas, além de as cortes dos reis requererem maiores gastos, os quais não se destinam a defender a paz, e de o preço por que se compra a paz nunca ser demasiado alto, acresce, em primeiro lugar, que tudo aquilo que no estado monárquico se dá a um ou a poucos neste dá-se a muitos. Depois, os reis e os seus funcionários não suportam com os súditos os ônus do estado, contrariamente ao que acontece neste, pois os patrícios, que são sempre escolhidos dentre os mais ricos, suportam em conjunto a maior parte da república. Finalmente, os ônus do estado monárquico não resultam tanto dos gastos do rei quanto dos seus segredos. Com efeito, os ônus do estado que são impostos aos cidadãos por causa da defesa da paz e da liberdade, ainda que sejam grandes, assumem-se e suportam-se devido à utilidade da paz. Que nação teve alguma vez de pagar tantas e tão pesadas taxas como a holandesa? E, no entanto, ela não só não ficou exausta como pelo contrário se tornou tão potente pelas riquezas que todos invejam a sua fortuna. Por conseguinte, os ônus do estado monárquico, se fossem impostos por causa da paz, não oprimiriam os cidadãos; mas, como disse, o que faz com que os súditos sucumbam ao ônus são os segredos deste estado. Porque a virtude dos reis vale mais na guerra do que na paz, e porque eles, querendo reinar sozinhos, têm de esforçar-se o mais possível para terem os súditos na pobreza, sem falar já de outras coisas que outrora o prudentíssimo holandês V. H.[5] notou, visto não terem a ver com o meu desígnio, que é unicamente descrever a melhor situação para cada estado.

32. Devem ter assento no senado alguns dos síndicos, escolhidos pelo conselho supremo, embora sem direito de voto, para verificarem se os direitos respeitantes a este conselho são corretamente observados e para providenciarem pela sua convocação quando houver algum assunto que deva ser remetido do senado para o conselho supremo. Com efeito, o direito de convocar este conselho supremo e de propor os assuntos a serem aí decididos está, como já dissemos, nas mãos dos síndicos. Antes, porém, de se recolherem os votos, quem estiver na altura a presidir ao senado exporá o estado das coisas, qual a opinião do próprio senado sobre o que é proposto, e por que motivos. Feito isso, serão recolhidos os votos segundo o método costumado.

33. O plenário do senado não deve reunir-se diariamente, mas, como todos os grandes conselhos, em certas datas estabelecidas. Como, porém, os assuntos do estado têm, entretanto, de ser geridos, é preciso escolher uma parte dos senadores, que, uma vez dissolvido o senado, façam as vezes dele e cuja tarefa será convocar, quando for preciso, o próprio senado, executar os seus decretos respeitantes à república, ler as cartas escritas ao senado e ao conselho supremo, e, finalmente, deliberar sobre os assuntos a propor ao senado. Para que se perceba mais facilmente isso tudo, e bem assim a ordem de todo este conselho, vou descrevê-lo mais em pormenor.

....
5. Jan van den Hove escreveu as *Consideratien van Staat of te Polityke Weeg-Schaal* (1661) e seu irmão Pieter van den Hove, os *Polityke Discoursen* (1662). Na tradição francesa são conhecidos por irmãos De la Court. Jan morreu no ano da 1.ª edição da sua obra, que teve depois várias reedições levadas a cabo por seu irmão, sendo por isso as *Considerações* vulgarmente atribuída a ambos. Espinosa possuía as duas obras.

34. Os senadores, escolhidos, como já dissemos, por um ano, serão divididos em quatro ou em seis seções[6]. A primeira delas presidirá ao senado durante os primeiros três ou dois meses, passados os quais a segunda ocupará o seu lugar, e assim sucessivamente; respeitados os turnos, cada seção deterá o primeiro lugar no senado durante o mesmo intervalo de tempo, de tal maneira que a que foi a primeira nos primeiros meses será a última nos seguintes. Além disso, serão escolhidos tantos presidentes e vice-presidentes, para os substituírem quando for preciso, quantas as seções. Isto é, de cada seção serão escolhidos dois, um dos quais será presidente, (o outro vice-presidente), da respectiva seção. O presidente da primeira seção presidirá também ao senado, nos primeiros meses, ou, se ele faltar, o vice-presidente fará as vezes dele, e assim sucessivamente as restantes, observando-se, como foi dito, o método. Em seguida, escolher-se-ão alguns, à sorte ou por voto, da primeira seção, os quais, com o presidente e o vice-presidente da mesma seção, substituirão o senado enquanto ele estiver dissolvido. Isso durante aquele intervalo de tempo em que a seção deles detém o primeiro lugar no senado. Decorrido este, serão escolhidos à sorte ou por sufrágio outros tantos da segunda seção, os quais, com o seu presidente e vice-presidente, ocuparão o lugar da primeira seção e substituirão o senado, e assim sucessivamente as restantes. Não é preciso que a escolha destes que eu disse deverem ser escolhidos, à sorte ou por voto, cada três ou dois meses, e a quem a seguir chamaremos cônsules, seja feita pelo conselho supremo. Com efeito, a razão que demos no artigo 29 deste capítulo não tem aqui lugar, e muito menos a do artigo 17. Bastará, portanto, que sejam escolhidos pelo senado e pelos síndicos que estiverem presentes.

---

6. No original, *ordines*.

35. O número deles não o posso determinar assim com tanta precisão. É contudo certo que eles devem ser mais numerosos do que aqueles que seria possível corromper facilmente. Com efeito, embora não decidam nada sozinhos sobre a república, podem, contudo, arrastar o senado ou, o que seria pior, ludibriá-lo, propondo matérias sem nenhuma importância e ocultando aquelas que teriam a mais alta, para já não referir que, se eles fossem excessivamente poucos, a simples ausência de um ou outro poderia ocasionar demora nos assuntos públicos. Mas uma vez que estes cônsules são, por outro lado, nomeados porque os grandes conselhos não podem ocupar-se diariamente dos assuntos públicos, tem necessariamente de se procurar aqui um meio-termo e suprir a escassez do número com a brevidade do tempo. Assim, se forem escolhidos só trinta, ou perto disso, para dois ou três meses, serão mais do que aqueles que poderiam ser corrompidos em tão pouco tempo. E foi também esse o motivo pelo qual eu avisei que os seus sucessores não devem de modo algum ser escolhidos senão no momento em que sejam estes a entrar e eles a sair.

36. Dissemos, além disso, que a sua tarefa será convocar o senado, sempre que alguns deles, ainda que poucos, julgarem ser preciso, propor as matérias a serem nele decididas, encerrar as sessões e executar os seus decretos sobre assuntos públicos. Vou agora dizer, em poucas palavras, por que método deve isso ser feito, para que as matérias não se arrastem demasiado com questões inúteis. [340] Assim, os cônsules pronunciar-se-ão sobre a matéria a propor ao senado e sobre aquilo que de fato é preciso e, se houver sobre isso unanimidade, então, convocado o senado e exposta segundo o regulamento a questão, dirão qual é a sua opinião e, sem esperar por outras, farão segundo o regulamento a recolha dos votos. Mas, se os cônsules votarem a favor de mais do que uma opinião, então deverá

ser apresentada no senado, primeiro, a opinião que sobre a questão proposta é defendida pelo maior número de cônsules e, se esta não for aprovada pela maioria do senado e dos cônsules, porque o número dos indecisos somado ao dos que são contra é superior, número este que, tal como dissemos, deve ser apurado através de bolas, então será apresentada outra opinião, que tenha obtido entre os cônsules menos votos que a anterior, e assim sucessivamente as restantes. Se nenhuma for aprovada pela maioria do senado, este deverá ser adiado para o dia seguinte ou para uma data próxima, para que entretanto os cônsules vejam se conseguem encontrar outros meios que possam agradar mais. Porque, se não encontrarem nenhuns outros, ou se a maioria do senado não aprovar os que tiverem encontrado, então deve-se ouvir a opinião de cada senador e, se nem assim se chegar a uma maioria, deve ser votada de novo cada uma das opiniões e contar-se não apenas as bolas a favor, como foi feito até aqui, mas também as abstenções e as bolas contra, e se se obtiver mais a favor do que abstenções e contra, a opinião ficará ratificada; se, pelo contrário, se obtiver mais contra do que abstenções e a favor, ela ficará írrita; mas, se a respeito de todas as opiniões for maior o número dos indecisos que os votos contra ou os a favor, o conselho de síndicos juntar-se-á ao senado e votarão juntos com os senadores, contando-se somente as bolas a favor ou contra e omitindo aquelas que indicam ânimo indeciso. Quanto às questões que são deferidas do senado para o conselho supremo, deve manter-se o mesmo regulamento. E é tudo quanto ao senado.

37. No que respeita ao foro, ou tribunal, não se pode baseá-lo nos mesmos fundamentos em que se baseia aquele que está sob um monarca, tal como o descrevemos no artigo 26 e seguintes do capítulo VI. Com efeito *(pelo art. 14 deste cap.)*, não está de acordo com os fundamentos

deste estado que se tenham em alguma conta as estirpes ou famílias. Depois, sendo os juízes escolhidos só dentre os patrícios, poderiam inibir-se, até por medo dos patrícios que lhes hão de suceder, de pronunciar alguma sentença excessiva contra algum deles e, porventura, guardar-se de os punir conforme eles merecem, atrevendo-se, pelo contrário, a tudo contra os plebeus e tomando os ricos diariamente por presa. Sei que, por esta razão, há muitos que aprovam a deliberação dos genoveses de não escolherem os juízes dentre os patrícios, mas dentre os estrangeiros. A mim, no entanto, considerando a coisa em abstrato, parece-me absurdo instituir que sejam chamados estrangeiros, e não os patrícios, para interpretar as leis. Com efeito, que outra coisa são os juízes senão intérpretes das leis? Estou, por isso, convencido de que os genoveses, também neste assunto, atenderam mais ao engenho da sua nação que à natureza mesma deste estado. Portanto, nós, que consideramos a coisa em abstrato, temos de excogitar quais os meios que mais de acordo estão com a forma deste regime.

[341]

38. Mas no que respeita ao número de juízes, a proporcionalidade desta situação não exige nenhum número especial, ainda que, tal como no estado monárquico, deva também neste atender-se principalmente a que sejam mais numerosos do que aqueles que poderiam ser corrompidos por um homem privado. Com efeito, a tarefa deles é somente providenciar para que nenhum privado faça injustiça a outro, dirimir as questões entre eles, sejam patrícios ou plebeus, e escolher as penas para os delinquentes, inclusive os patrícios, síndicos e senadores, na medida em que tenham transgredido os direitos a que todos estão sujeitos. Quanto ao resto, as questões que podem surgir entre as urbes que estão submetidas ao estado devem ser dirimidas no conselho supremo.

39. Em relação ao tempo pelo qual devem ser escolhidos, a proporcionalidade é a mesma em qualquer estado, tal como o ter anualmente de retirar-se uma parte deles, e tal como, finalmente, embora não seja preciso ser cada um de uma família diferente, ser contudo necessário que não tenham ao mesmo tempo assento nos tribunais dois parentes por consanguinidade. Isto mesmo deve observar-se nos restantes conselhos, exceto no supremo, no qual basta a lei acautelar apenas que nas eleições ninguém possa propor um parente, ou votar nele se um outro o tiver proposto, e, além disso, que na nomeação de alguém para uma função do estado não sejam dois parentes a tirar a sorte da urna. Isto, sublinho, é suficiente num conselho composto por tão grande número de homens e ao qual não são atribuídos nenhuns emolumentos especiais. E, portanto, não será nada prejudicial ao estado o fato de ser absurdo propor uma lei pela qual sejam excluídos do conselho supremo os parentes de todos os patrícios, como dissemos no artigo 14 deste capítulo. Mas que isso seja absurdo salta aos olhos. Com efeito, esse direito não poderia ser instituído pelos próprios patrícios sem que, com isso mesmo, eles renunciassem absolutamente ao seu direito e, por conseguinte, o garante desse mesmo direito não fossem os patrícios mas a plebe, o que contradiz diretamente aquilo que mostramos nos artigos 5 e 6 deste capítulo. Quanto à lei do estado em que se estatui que se deve manter sempre uma, e a mesma, proporção entre o número de patrícios e o da multidão, ela visa acima de tudo que o direito e potência dos patrícios se conserve, quer dizer, que não sejam tão poucos que não possam governar a multidão.

[342]

40. Por outro lado, os juízes devem ser escolhidos pelo conselho supremo dentre os próprios patrícios, isto é *(pelo art. 17 deste cap.)*, dentre os próprios fundadores das leis, e as sentenças que eles produzirem, tanto em ma-

téria civil como criminal, serão ratificadas se tiverem sido proferidas na observância dos procedimentos e com imparcialidade, matéria sobre a qual será permitido aos síndicos, por lei, investigar, julgar e decidir.

41. Os emolumentos dos juízes devem ser aqueles que dissemos no artigo 29, capítulo VI, a saber, por cada sentença que proferirem sobre matéria cível receberão daquele que perder a causa uma parte proporcional à soma total. Quanto às sentenças sobre matéria criminal, a única diferença será que os bens por eles mesmos confiscados, assim como qualquer soma em que sejam multados os crimes menores, serão destinados exclusivamente a eles, na condição porém de nunca lhes ser lícito obrigar alguém a confessar pela tortura. Desse modo, estará suficientemente acautelado que não sejam iníquos para os plebeus e, por causa do medo, favoreçam demais os patrícios. Com efeito, além de esse medo só se temperar pela avareza, encoberta sob o especioso nome de justiça, acresce ainda que os juízes são numerosos e votam, não de braço no ar, mas por bolas, de tal maneira que, se alguém ficar agastado por ter sido condenado, não terá nada que possa imputar a algum deles. De resto, a reverência inspirada pelos síndicos impedirá que pronunciem alguma sentença iníqua ou, pelo menos, absurda, e que algum deles faça qualquer coisa com dolo, além de que, em tão grande número de juízes, encontrar-se-á sempre um ou outro de quem os iníquos terão medo. No que respeita, finalmente, aos plebeus, estarão também suficientemente acautelados se lhes for lícito apelar para os síndicos, a quem, como disse, será permitido por lei investigar, julgar e decidir em matérias judiciais. Com efeito, os síndicos não poderão, decerto, evitar o ódio de muitos patrícios, ao passo que os plebeus, cujo aplauso eles hão de procurar captar tanto quanto puderem, lhes estarão, pelo contrário, muitíssimo gratos. Com vista a esse fim, não perderão nenhuma ocasião que se lhes ofereça de revogar

[343]

sentenças ilegais proferidas pelo tribunal, de investigar qualquer juiz e de infligir penas aos iníquos; não há de fato nada que mais comova os ânimos da multidão. E não faz mal que semelhantes exemplos só raramente aconteçam, pelo contrário, é até da maior utilidade. Com efeito, além de estar mal constituída uma cidade em que todos os dias são divulgadas penas exemplares contra os delinquentes *(como mostramos no art. 2, cap. V)*, devem realmente ser muito raras aquelas cuja fama é maximamente celebrada.

42. Os que são enviados para as urbes ou para as províncias como procônsules devem ser escolhidos dentre a ordem senatorial, visto que a tarefa dos senadores é cuidar das fortificações urbanas, do erário, do exército, etc. Porém os que são mandados para regiões um tanto remotas não poderão frequentar o senado e, por esse motivo, só devem ser nomeados do senado aqueles que se destinam a urbes fundadas em solo pátrio, enquanto os que se querem mandar para regiões mais remotas devem ser escolhidos dentre aqueles cuja idade não está longe do grau senatorial. Julgo, no entanto, que nem com esta proporcionalidade estará suficientemente acautelada a paz de todo o estado, se às urbes circunvizinhas se negar completamente o direito de voto, a menos que elas sejam todas tão impotentes que possam ser abertamente desprezadas, o que é, sem dúvida, inconcebível. Assim, é necessário que se conceda às urbes circunvizinhas o direito de cidade e que, de cada uma delas, se inscrevam vinte, trinta ou quarenta (pois o número deve ser maior ou menor consoante a grandeza da urbe) cidadãos escolhidos, dos quais devem escolher-se três, quatro ou cinco, todos os anos, para integrar o senado e um para síndico vitalício. E aqueles que são do senado serão mandados como procônsules para a urbe pela qual foram escolhidos, juntamente com o síndico.

43. Por outro lado, os juízes a constituir em cada urbe [344] devem ser escolhidos dentre os patrícios dessa urbe. Mas julgo não ser necessário tratar disto mais desenvolvidamente, porquanto não diz respeito aos fundamentos deste estado.

44. Os que são secretários de qualquer conselho, e outros funcionários do mesmo gênero, como não têm direito de voto, devem ser escolhidos dentre a plebe. Dado, no entanto, que eles têm, por lidarem diariamente com os assuntos, o maior conhecimento das matérias a tratar, acontece muitas vezes ter-se mais deferência pelo seu parecer do que seria conveniente, e a situação de todo o estado depender acima de tudo da sua direção, coisa que foi funesta aos holandeses. É, com efeito, impossível tal acontecer sem grande inveja de muitos aristocratas. E não podemos duvidar de que um senado, cuja prudência não deriva do parecer dos senadores mas dos administrativos, será frequentado sobretudo por inertes, e de que a condição deste estado não será muito melhor que a do estado monárquico, o qual é governado por uns poucos conselheiros do rei *(sobre isto, ver cap. VI, arts. 5, 6 e 7)*. Na verdade, conforme o estado tenha sido correta ou erradamente instituído, assim ele estará menos ou mais exposto a este mal. Com efeito, a liberdade de um estado que não tem suficientemente firmes os fundamentos nunca se defende sem perigo, razão pela qual os patrícios, para não se exporem, escolhem dentre a plebe funcionários ávidos de glória, que depois são imolados, quando as coisas mudam, como vítimas para aplacar a ira daqueles que conspiram contra a liberdade. Mas onde os fundamentos da liberdade são suficientemente firmes, aí os próprios patrícios reclamam para si a glória de a defender e procuram que a prudência com que são tratadas as coisas derive unicamente do parecer deles. Ao estabelecermos os fundamentos deste estado, observamos principalmente duas

coisas, a saber, que a plebe fosse mantida à distância, tanto dos conselhos como dos votos *(ver arts. 3 e 4 deste cap.)*. O poder soberano estará, por conseguinte, nas mãos de todos os patrícios, mas a autoridade nas dos síndicos e, finalmente, o direito de convocar o senado e [propor] as coisas [a serem nele decididas][7] respeitantes à salvação comum nas dos cônsules, escolhidos dentre o próprio senado. Se, além disso, se estatuir que o secretário do senado, ou dos outros conselhos, será escolhido por quatro ou cinco anos, no máximo, e que a ele se juntará um subsecretário, que será nomeado pelo mesmo período e que, entretanto, suportará uma parte do trabalho, ou se no senado houver, não um, mas vários secretários, ocupando-se uns destes, outros daqueles assuntos, jamais acontecerá a potência dos administrativos ser de algum peso.

[345]

45. Os tribunos do erário devem também ser escolhidos da plebe e ter de prestar contas não apenas ao senado, mas também aos síndicos.

46. Quanto ao que respeita à religião, já o expusemos bastante desenvolvidamente no *Tratado Teológico-Político*. Omitimos, contudo, nessa altura, algumas coisas das quais não era aí o local para tratar, designadamente que todos os patrícios devem ser da mesma religião, a saber, a simplicíssima e maximamente universal, que descrevemos no mesmo tratado. Deve, com efeito, acautelar-se especialmente que os patrícios não se dividam em seitas, ou que uns sejam mais a favor destas, outros daquelas, ou que, tomados pela superstição, tentem retirar aos súditos a liberdade de dizer aquilo que sentem. Depois, embora deva dar-se a cada um a liberdade de dizer o que sente, são contudo de proibir os grandes ajuntamentos. Por isso,

....
7. Interpolação que consta apenas nos *Nagelate Schriften*.

àqueles que são adeptos de uma outra religião deve ser permitido construírem tantos templos quantos quiserem, mas pequenos, de uma dimensão fixa e em locais um tanto afastados uns dos outros. Mas os templos dedicados à religião da pátria é muito importante que sejam grandes e suntuosos e que, no seu culto principal, só aos patrícios e aos senadores seja lícito oficiar, de tal forma que só aos patrícios seja lícito batizar, consagrar o casamento, impor as mãos e serem, em suma, reconhecidos como sacerdotes dos templos e como defensores e intérpretes da religião da pátria. Pelo contrário, para pregar e para administrar o erário da igreja e os seus assuntos quotidianos, devem ser escolhidos pelo senado alguns da plebe, que serão como que vigários do senado, ao qual, por isso, terão de prestar contas de tudo.

47. E é quanto respeita aos fundamentos deste estado. Acrescentarei só mais umas coisas, poucas, decerto menos essenciais mas de grande importância, a saber, que os patrícios usarão um determinado traje ou hábito singular, pelo qual sejam reconhecidos; serão cumprimentados por um título igualmente singular e os da plebe ceder-lhes-ão o lugar; se algum patrício, por um infortúnio impossível de evitar, perder os seus bens e o puder provar claramente, será ressarcido na íntegra pelo erário público. Mas se, [346] pelo contrário, constar que ele os consumiu na prodigalidade, no fausto, no jogo, em prostitutas, etc., ou que em geral deve mais do que aquilo que pode pagar, renunciará ao título e será tido por indigno de toda a honra ou cargo. Quem, com efeito, não é capaz de se governar a si mesmo e às suas coisas privadas muito menos será capaz de olhar pelas públicas.

48. Aqueles a quem a lei obriga a jurar, acautelar-se-ão muito mais do perjúrio se, em vez de se lhes mandar jurar por Deus, se lhes mandar jurar pela salvação e pela liber-

dade da pátria e pelo conselho supremo. Com efeito, quem jura por Deus invoca um bem privado, do qual é ele o avaliador; mas quem, ao prestar juramento, invoca a liberdade e a salvação da pátria jura pelo bem comum de todos, do qual não é ele o avaliador, e se faltar ao juramento, declara-se, por isso mesmo, inimigo da pátria.

49. As universidades, que são fundadas a expensas da república, instituem-se não tanto para cultivar os engenhos como para os coartar. Mas, numa república livre, tanto as ciências como as artes serão otimamente cultivadas se for concedida, a quem quer que peça, autorização para ensinar publicamente, à sua custa e com risco da sua fama. Reservo, no entanto, estas e outras coisas semelhantes para outro lugar. Aqui, efetivamente, tinha-me proposto tratar só daquilo que respeita ao estado aristocrático.

Capítulo IX

1. Até aqui, estivemos a considerar um estado aristocrático que tem o nome de uma só urbe, capital de todo o estado. É agora altura de tratarmos daquele que é detido por várias urbes e que eu julgo preferível ao anterior. Mas, para percebermos a diferença e a superioridade de um em relação ao outro, examinaremos um por um os fundamentos do anterior estado, rejeitando os que lhe são alheios e lançando, em lugar deles, outros em que deva apoiar-se.

2. Assim, as urbes que gozam de direito de cidade devem estar fundadas e fortificadas de tal modo que nenhuma delas possa subsistir sozinha sem as restantes e que, pelo contrário, não possa abandonar as restantes sem grave prejuízo para todo o estado. Desse modo, elas permanecerão sempre unidas. Quanto àquelas que estão constituídas de tal modo que não podem manter-se nem incutir medo às restantes, essas, sem dúvida, não estão sob jurisdição de si próprias, mas absolutamente sob jurisdição das restantes.

3. Porém, o que expusemos nos artigos 9 e 10 do capítulo anterior deduz-se da natureza comum do estado aristocrático, assim como a proporção do número de patrícios relativamente ao da multidão e qual a idade e a con-

dição daqueles que serão nomeados patrícios, de modo que sobre estas matérias não poderá surgir nenhuma diferença, quer seja uma ou sejam várias as urbes que detêm o estado. Já quanto ao conselho supremo, aqui a proporção deve ser outra. Com efeito, se estivesse destinada uma urbe do estado para as reuniões deste conselho supremo, ela seria, realmente, a capital do próprio estado e, então, ou haveria uma rotatividade, ou deveria designar-se para o conselho um local que não tivesse direito de cidade e que pertencesse a todas por igual. Mas tanto isso como aquilo é tão fácil de dizer como difícil de fazer, dado que seriam uns milhares de homens a ter de sair frequentemente para fora das urbes, ou a ter de reunir, hoje neste, amanhã naquele lugar.

4. Para podermos deduzir corretamente o que nesta matéria é preciso fazer, com base na natureza e na condição deste estado, e qual a proporção para se instituírem os seus conselhos, deve ter-se em conta o seguinte: cada urbe tem tanto mais direito que um homem privado quanto mais a sua potência for superior à dele *(pelo art. 4, cap. II)*, e, por conseguinte, cada urbe deste estado *(ver art. 2 deste cap.)* terá, intramuros ou nos limites da sua jurisdição, tanto direito quanto pode. Depois, todas as urbes estarão associadas e unidas não como confederadas, mas como constituintes de um único estado, embora de tal maneira que cada urbe mantenha no estado tanto mais direito que as restantes quanto mais potente for do que elas. Com efeito, quem procura a igualdade entre desiguais procura uma coisa absurda. Decerto os cidadãos consideram-se iguais em mérito, porquanto a potência de cada um, comparada com a potência de todo o estado, não tem nenhum significado. Mas a potência de cada urbe constitui uma parte já grande da potência do próprio estado, tanto maior quanto maior é a urbe, e por isso não podem ter-se todas por iguais. Pelo contrário, da mesma forma que a

potência, também o direito de cada uma delas deve medir-se pela sua grandeza. Quanto aos vínculos a que devem estar adstritas para que componham um só estado, são principalmente *(pelo art. 1 do cap. IV)* o senado e o foro. Mas de que modo elas devem estar todas ligadas por estes vínculos, de tal maneira que cada uma se mantenha, tanto quanto possível, sob jurisdição de si própria vou agora mostrá-lo sucintamente.

[348]

5. Na minha concepção, os patrícios de cada urbe, que devem ser mais ou menos consoante a grandeza desta *(pelo art. 3 deste cap.)*, têm direito soberano sobre a sua urbe e têm, no respectivo conselho supremo, o poder soberano de a fortificar, de ampliar as suas muralhas, impor taxas, criar leis, ab-rogá-las e fazer absolutamente tudo o que julguem ser necessário para a sua conservação e desenvolvimento. No entanto, para tratar dos assuntos comuns do estado, deve ser criado um senado, em condições absolutamente idênticas às que dissemos no capítulo anterior, de tal maneira que entre este e aquele não haja nenhuma diferença a não ser o fato de este ter também autoridade para dirimir questões que possam surgir entre urbes. Com efeito, neste estado em que nenhuma cidade é capital, isto não pode, como naquele, ser feito pelo conselho supremo *(ver art. 38 do cap. ant.)*.

6. Quanto ao resto, não se deve convocar o conselho supremo neste estado, a menos que seja preciso reformar o próprio estado, ou para algum assunto difícil que os senadores se creiam incapazes de resolver. Muito raramente acontecerá, pois, serem convocados todos os patrícios para o conselho. Dissemos, com efeito *(art. 17 do cap. ant.)*, que a principal tarefa do conselho supremo era criar e ab-rogar leis e escolher os funcionários do estado. Mas as leis, ou seja, os direitos comuns de todo o estado, uma vez instituídas, não devem ser alteradas. Porque, se o tem-

po e a ocasião levarem a que deva ser instituído um novo direito ou mudado o já estatuído, pode primeiro discutir-se a questão no senado e, após este chegar a acordo, ele próprio enviar delegados às urbes, que informarão os patrícios de cada uma delas do parecer do senado. Se, finalmente, a maioria das urbes perfilhar esse parecer, ele ficará ratificado; caso contrário, ficará írrito. E poderá seguir-se esta mesma ordem na escolha dos chefes do exército e dos embaixadores a enviar a outros reinos, assim como

[349] nos decretos para declarar a guerra e para aceitar as condições de paz. Mas na escolha dos restantes funcionários do estado, uma vez que *(como mostramos no art. 4 deste cap.)* cada urbe deve permanecer tanto quanto possível sob jurisdição de si própria e ter tanto mais direito no estado quanto mais potente for que as restantes, o método a observar é necessariamente o seguinte: os senadores devem ser escolhidos pelos patrícios de cada urbe, ou seja, os patrícios de uma urbe escolhem no respectivo conselho, dentre os seus cidadãos, um certo número de senadores, que esteja para o número de patrícios dessa urbe *(ver art. 30 do cap. ant.)* na proporção de 1 para 12. E designarão quais deles querem que sejam da primeira seção, da segunda, da terceira, etc. De igual modo, os patrícios das restantes cidades elegerão, consoante o seu número, mais ou menos senadores e distribuí-los-ão por tantas seções quantas aquelas em que dissemos dever estar dividido o senado *(ver art. 34 do cap. ant.)*: haverá, assim, em cada seção, mais ou menos senadores de cada cidade consoante a dimensão desta. Mas os presidentes e vice-presidentes das seções, cujo número é menor que o das urbes, devem ser escolhidos à sorte pelo senado dentre os cônsules. Também na escolha dos juízes supremos do estado deve manter-se o mesmo método, isto é, os patrícios de cada urbe escolherão, dentre os seus colegas, mais ou menos juízes consoante o seu número. Desse modo, cada urbe estará sob jurisdição de si própria, tanto

quanto é possível, na escolha dos funcionários, e, com isto, terá também tanto mais direito, quer no senado, quer no foro, quanto mais potente for, desde que o método do senado e do foro, a decidirem sobre assuntos de estado e a dirimirem contendas, seja em tudo como descrevemos nos artigos 33 e 34 do capítulo anterior.

7. Depois, os chefes das coortes e os tribunos do exército devem ser escolhidos dentre os patrícios. Com efeito, uma vez que é justo que cada urbe tenha de reunir, proporcionalmente à sua grandeza, um certo número de soldados para a segurança comum de todo o estado, também é justo que ela possa escolher, dentre os patrícios de cada urbe e proporcionalmente ao número de legiões que têm de manter, tantos tribunos, chefes, alferes, etc. quantos os que se requer para mandar na parcela do exército que fornecem ao estado.

8. Também não deve ser imposta nenhuma taxa aos súditos pelo senado. Para as despesas que por decreto do [350] senado são requeridas para gerir os assuntos públicos, as próprias urbes, e não os súditos, serão chamadas pelo próprio senado a contribuírem, de modo a cada uma delas, consoante a sua grandeza, ter de suportar uma parte maior ou menor das despesas, parte essa que os patrícios exigirão aos habitantes da sua urbe pela via que quiserem, seja extorquindo-lhes contribuições, seja, o que é muito mais justo, impondo-lhes taxas.

9. De resto, embora nem todas as urbes deste estado sejam marítimas, nem os senadores provenham só de urbes marítimas, pode contudo atribuir-se a estes os mesmos emolumentos que dissemos no artigo 31 do capítulo anterior. Para o efeito, poderão estudar-se meios, segundo a constituição do estado, através dos quais as cidades se unam mais estreitamente umas às outras. Quanto às res-

tantes coisas que expus no capítulo anterior, a respeito do senado, do foro e do estado em geral, elas devem também aplicar-se a este estado. Vemos, portanto, que num estado que é detido por várias urbes não é necessário designar uma data fixa, nem um lugar, para convocar o conselho supremo. Já quanto ao senado e ao foro, deve indicar-se um lugar, numa aldeia ou numa urbe que não tenham direito de voto. Mas vou voltar novamente àquilo que respeita a cada uma das urbes.

10. O método para o conselho supremo de cada urbe escolher os funcionários da cidade e do estado e decidir sobre os assuntos deve ser o mesmo que expus nos artigos 27 e 36 do capítulo anterior. Num como noutro caso, a proporção é a mesma. A este conselho deve depois subordinar-se o conselho de síndicos, o qual estará para o conselho da urbe como o conselho de síndicos do capítulo anterior está para o conselho de todo o estado e cuja tarefa será também a mesma, dentro dos limites de jurisdição da urbe, e usufruirá dos mesmos emolumentos. Caso a urbe, e, por conseguinte, o número de patrícios, seja tão exígua que não possa nomear senão um ou dois síndicos, os quais não podem fazer um conselho, então os juízes devem, nas instruções dos processos, ser por força das circunstâncias indicados aos síndicos pelo conselho supremo da urbe, ou a questão será deferida para o conselho supremo dos síndicos. Com efeito, cada urbe terá também de enviar alguns dos síndicos ao local onde está instalado o senado, os quais vigiarão se os direitos de todo o estado se conservam inviolados e terão aí assento sem direito de voto.

[351] 11. Os cônsules das urbes devem também ser escolhidos pelos patrícios de cada uma delas e constituir o senado dessa urbe. Não posso, no entanto, determinar o seu número, nem julgo ser necessário, na medida em que os

assuntos de maior gravidade da urbe serão geridos pelo respectivo conselho supremo, e os que dizem respeito a todo o estado pelo grande senado. Por outro lado, se eles forem poucos, será necessário que votem no seu conselho de braço levantado, e não por meio de bolas, como nos grandes conselhos. De fato, nos pequenos conselhos, onde o voto é secreto, quem for um pouco mais esperto pode facilmente conhecer o autor de cada voto e enganar de muitas maneiras os menos atentos.

12. Em cada urbe os juízes serão também constituídos pelo seu conselho supremo, se bem que seja lícito recorrer da sentença deles para o supremo tribunal do estado, salvo no caso de um réu apanhado em flagrante ou de um confesso devedor. Mas não é preciso alongar-me mais sobre isto.

13. Resta, portanto, falarmos das urbes que não estão sob jurisdição de si próprias. Estas, se tiverem sido fundadas na mesma província ou região do estado e os seus habitantes forem da mesma nação e língua, devem necessariamente ser declaradas, tal como as aldeias, partes das urbes vizinhas, de tal modo que cada uma delas deverá estar sob o governo desta ou daquela urbe que está sob jurisdição de si própria. A razão disso é que os patrícios são escolhidos não pelo supremo conselho deste estado, mas pelo supremo de cada urbe, e são mais ou menos em cada uma consoante o número de habitantes que estejam dentro dos seus limites de jurisdição *(pelo art. 5 deste cap.)*. Assim, é necessário que a multidão de uma urbe que não está sob jurisdição de si própria seja incluída no censo da população de uma outra que esteja sob jurisdição de si própria e dependa da direção desta. Porém, as cidades adquiridas por direito de guerra e que se acrescentaram ao estado devem ou ter-se como aliadas do estado e, como vencidas, estar penhoradas pelo benefício, ou enviar-se

para lá colônias, que gozem do direito de cidade, e deportar-se a sua gente, ou destruir-se totalmente[1].

14. E é tudo, no que respeita aos fundamentos deste estado. Que a sua condição seja melhor do que a daquele que tem o nome de uma só urbe, concluo-o pelo seguinte: os patrícios de cada urbe, por mor da humana cupidez, procurarão, tanto na urbe como no senado, manter e, se possível, aumentar o seu poder; assim, esforçar-se-ão quanto puderem por atrair a si a multidão e, consequentemente, levar por diante o estado, mais através de favores do que do medo, e por aumentar o seu número; de fato, quanto maior for o seu número, mais senadores *(pelo art. 6 deste cap.)* do seu conselho escolhem e, consequentemente *(pelo mesmo artigo)*, mais direito manterão no estado. E não importa que, ao atender cada urbe a si mesma e invejar as demais, discordem muitas vezes entre si e consumam tempo a discutir. Porque, se é verdade que enquanto os romanos deliberam Sagunto perece, também é por outro lado verdade que, se forem poucos a decidir tudo de acordo apenas com o seu afeto, perece a liberdade e o bem comum. Os engenhos humanos são, com efeito, demasiado obtusos para que possam compreender tudo de imediato; mas consultando, ouvindo e discutindo, eles aguçam-se e, desde que tentem todos os meios, acabam por encontrar o que querem, que todos aprovam e em que ninguém havia pensado antes. [Temos muitos exemplos disto na Holanda.][2] E se alguém retorquir que este estado dos holandeses não se aguentou muito tempo sem um conde, ou um substituto que fizesse as vezes dele, terá por resposta que os holandeses julgaram que para obter a liberdade era suficiente afastar o conde e decapitar o corpo do estado, e não pensaram em re-

---
1. Cf., novamente, Maquiavel, *O Príncipe,* cap. III.
2. Interpolação dos *Nagelate Schriften*.

formá-lo, deixando todos os seus membros tal como antes estavam constituídos, de tal maneira que o condado da Holanda ficou sem conde, qual corpo sem cabeça, e o próprio estado ficou sem nome. Não é por isso de admirar que a maioria dos súditos ignorasse em que mãos estava o poder soberano. E ainda que não fosse assim, aqueles que realmente detinham o estado eram, de longe, menos que os que poderiam governar a multidão e dominar adversários potentes. Daí que estes tenham, frequente e impunemente, podido conspirar contra eles e, finalmente, depô-los. A súbita queda da sua república não teve, pois, origem no fato de consumirem inutilmente o tempo em deliberações, mas na defeituosa situação deste estado e na escassez de governantes.

15. Além disso, este estado aristocrático em poder de várias urbes é preferível ao outro, visto não ser preciso, como disse no artigo anterior, precaver-se para que a totalidade do seu conselho supremo não seja dominada por um golpe súbito, na medida em que *(pelo art. 9 deste cap.)* não está designada nenhuma data nem lugar para a sua convocação. Além disso, neste estado os cidadãos potentes são menos de temer, pois onde há várias urbes que gozam de liberdade não basta, a quem se abalance à conquista do estado, ocupar uma delas para obter o mando sobre as restantes. Neste estado, enfim, a liberdade é comum a várias. Porque onde reina só uma urbe, só se atende ao bem das restantes na medida em que for do interesse daquela que reina.

[353]

Capítulo X

1. Apresentados e explicados os fundamentos de ambos os estados aristocráticos, resta averiguar se eles podem, por alguma causa que lhes seja imputável, dissolver-se ou assumir uma outra forma. A primeira causa por que se dissolvem os estados deste gênero é aquela que o agudíssimo florentino observa nos *Discursos sobre Tito Lívio*, III, 1, a saber, que ao estado, tal como ao corpo humano, *todos os dias se agrega alguma coisa que, de vez em quando, necessita de cura*. Daí que seja necessário, diz ele, que de vez em quando aconteça alguma coisa através da qual o estado seja reconduzido ao seu princípio, onde começou a estabilizar-se. Se tal não acontecer em devido tempo, os vícios crescem a um ponto que já não podem extirpar-se sem extirpar com eles o próprio estado. E isto, acrescenta, tanto pode ocorrer por acaso como pela ponderação e prudência das leis ou de um homem de exímia virtude. E não podemos duvidar que é uma coisa da maior importância e que, onde não se atalhar a esse inconveniente, o estado não poderá sobreviver por virtude sua, mas só pela fortuna. Pelo contrário, onde for aplicado remédio adequado a este mal, ele não poderá cair por vício seu mas somente por algum fado inevitável, como explicaremos mais claramente daqui a pouco. O primeiro remédio que me ocorreu para este mal foi nomear-se, a cada

cinco anos, um ditador supremo por um ou dois meses, com direito a investigar, julgar e estatuir sobre o que fazem os senadores e cada um dos funcionários e, consequentemente, restituir o estado ao seu princípio. Mas quem procure evitar inconvenientes ao estado deve aplicar remédios que convenham à natureza deste e que possam deduzir-se dos seus fundamentos; caso contrário, desejando evitar Caríbdis, encalha em Cila. É efetivamente verdade que todos, tanto os que governam como os que são governados, devem ser contidos pelo medo do suplício ou dano, para que não seja lícito pecar impunemente ou com lucro. Mas, em contrapartida, também é certo que, se este medo for comum aos homens bons e aos maus, o estado encontrar-se-á, habitual e necessariamente, em extremo perigo. Ora, como o poder ditatorial é absoluto, não

[354] pode não ser temível para todos, principalmente se o ditador for nomeado, como se requer, em data predeterminada, pois nesse caso todos os desejosos de glória disputariam com o maior afã essa honra, sendo certo que em paz não se olha tanto à virtude como à opulência, de modo que quanto mais soberbo é alguém, mais facilmente chega às honras. Quiçá por esse motivo, os romanos costumavam nomear um ditador, não numa data estabelecida, mas quando coagidos por alguma necessidade fortuita. E, não obstante, o rumor do ditador, para citar as palavras de Cícero, foi desagradável para os homens bons. Sem dúvida este poder ditatorial, na medida em que é absolutamente régio, pode um dia transformar-se, não sem grande perigo para a república, numa monarquia, mesmo que tal aconteça só por um tempo tão breve quanto se queira. Acresce que, se não é marcada uma data certa para nomear o ditador, não haverá nenhuma proporcionalidade no tempo que medeia entre um e outro, proporcionalidade que dissemos ser maximamente de observar, e a coisa seria de tal modo vaga que facilmente se negligenciaria. Assim, a não ser que este poder ditatorial seja

eterno e estável – não podendo, a manter-se a forma do estado, ser conferido a um só –, ele próprio e, por conseguinte, a salvação e a conservação da república estarão extremamente inseguros.

2. Em contrapartida, não há qualquer dúvida *(pelo art. 3 do cap. VI)* de que se fosse possível o gládio do ditador, mantendo a forma do estado, ser perpétuo e temível somente para os maus, nunca os vícios poderiam desenvolver-se a tal ponto que já não se pudesse extirpá-los nem corrigi-los. Por isso, para obtermos todas estas condições, dissemos que o conselho dos síndicos deve estar subordinado ao conselho supremo, de modo que o gládio ditatorial perpétuo estivesse nas mãos não de uma pessoa natural, mas civil, cujos membros fossem tantos que não pudessem dividir entre si o estado *(pelos arts. 1 e 2 do cap. VIII)* ou conluiar-se em algum crime. A isto acresce que estarão proibidos de ir para os restantes cargos do estado, não pagarão estipêndios à milícia e, finalmente, terão idade para preferir as coisas presentes e seguras às novas e arriscadas. Desse modo, não virá deles nenhum perigo para o estado e podem, consequentemente, ser temíveis, não para os bons, mas só para os maus, e sê-lo-ão realmente. Com efeito, quanto mais fracos para praticar crimes mais potentes eles são para reprimir a malícia. Porque, além de poderem impedi-la logo de início (posto que o conselho é eterno), ainda são em número suficientemente grande para ousarem, sem receio de inveja, acusar e condenar um ou outro potente, sobretudo porque as votações são por bolas e a sentença é pronunciada em nome de todo o conselho.

[355]

3. Em Roma, os tribunos da plebe também eram perpétuos, e a verdade é que foram incapazes de suster a potência de um Cipião. Tinham, além disso, de deferir para o próprio senado o que consideravam ser salutar, senado

esse que também os ludibriava muitas vezes, fazendo com que a plebe favorecesse mais aquele a quem os senadores temiam menos. A isso acresce que a autoridade dos tribunos diante dos patrícios era sustentada pelo favor da plebe e, cada vez que eles chamavam pela plebe, mais pareciam promover uma revolta que convocar um conselho. Inconvenientes desses não têm certamente lugar no estado que descrevemos nos dois capítulos anteriores.

4. É verdade que esta autoridade dos síndicos não poderá servir senão para que a forma do estado se conserve e impedir, assim, que as leis sejam infringidas e que seja lícito a alguém lucrar com a transgressão. Não pode, contudo, fazer com que não aumentem os vícios que é impossível proibir por lei, como são aqueles em que os homens demasiado ociosos caem e dos quais resulta, não raro, a ruína do estado. Os homens, com efeito, uma vez em paz e abandonado o medo, de bárbaros ferozes fazem-se a pouco e pouco cidadãos, ou seja, humanos, e de humanos fazem-se moles e inertes, não procurando distinguir-se uns dos outros pela virtude mas pelo fausto e o luxo. A partir daí, começam a aborrecer-se com os costumes pátrios e a adotar os alheios, ou seja, a ser servos.

5. Para evitar estes males, muitos procuraram estabelecer leis sobre os gastos, mas em vão. Com efeito, todos os direitos que podem ser violados sem injustiça para outrem são objeto de escárnio e, longe de refrearem os desejos e o apetite dos homens, muito pelo contrário, excitam-nos: porque pendemos sempre para o proibido, desejamos sempre o que nos é negado. E a homens ociosos não falta nunca o engenho para se esquivarem aos direitos que se instituem sobre coisas que em geral não podem proibir-se, como são os banquetes, os jogos, os adornos e outras coisas assim, de que só é mau o excesso, o qual

tem de se medir pela fortuna de cada um, não podendo por isso determinar-se nenhuma lei universal.

6. Concluo, portanto, que aqueles vícios que são comuns em tempo de paz, dos quais estamos aqui a falar, nunca devem ser proibidos direta, mas indiretamente, quer dizer, lançando fundamentos do estado que façam, não que a maioria procure viver sabiamente, porque isso é impossível, mas que se conduza pelos afetos que mais úteis sejam para a república. Assim, deve mormente procurar-se que os ricos sejam, se não parcos, pelo menos avaros. Com efeito, não há dúvida de que, se este afeto da avareza, que é universal e constante, for alimentado pelo desejo de glória, a maioria dos homens colocará sem pejo o maior empenho em aumentar o que é seu, por forma a ter acesso às honras e a evitar a suprema vergonha. [356]

7. Se atentarmos, pois, nos fundamentos de ambos os estados aristocráticos, os quais expliquei nos dois capítulos anteriores, veremos que é isto mesmo o que deles se segue. Em ambos o número de governantes é suficientemente grande para permitir à maior parte dos ricos o acesso ao governo e às honras do estado. Se, além disso *(como dissemos no art. 47 do cap. VIII)*, se estatuir que os patrícios que estejam a dever mais do que podem pagar serão expulsos do patriciado e que serão restituídos na íntegra os bens àqueles que os perderem por um infortúnio, não há dúvida de que todos se esforçarão, tanto quanto possam, por conservar os seus bens. Além disso, jamais cobiçarão os costumes estrangeiros ou se aborrecerão com os pátrios, se estiver estabelecido na lei que os patrícios e os que disputam as honras se distingam por um traje especial *(sobre isto, ver os arts. 25 e 47 do cap. VIII)*. E, para além destas, podem excogitar-se, em qualquer estado, outras medidas consentâneas com a natureza do lugar e o engenho da nação, velando principalmente para que os

súditos cumpram o seu dever mais espontaneamente que coagidos pela lei.

8. Na verdade, um estado que não tem outro objetivo senão que os homens se conduzam por medo será mais um estado sem vícios que um estado com virtude. Os homens, porém, devem ser conduzidos de modo que não se vejam a si próprios conduzidos mas a viver segundo o seu engenho e a sua livre decisão, de tal maneira que só o amor da liberdade, o afã de aumentar o que é seu e a esperança de alcançar as honras do estado os detenham. Quanto ao resto, as estátuas, as condecorações e outros incentivos à virtude são sinais de servidão, mais do que de liberdade. Porque é a servos e não a homens livres que se atribuem prêmios de virtude. Reconheço que os homens se sentem maximamente incentivados com tais estímulos. Mas assim como de início eles são atribuídos a grandes homens, da mesma forma o são a seguir, em a inveja crescendo, a inúteis e inchados com o tamanho da riqueza, para grande indignação de todos os bons. Depois, aqueles que ostentam as condecorações e as estátuas dos antepassados julgam-se injuriados se não forem preferidos aos restantes. Finalmente, para já não falar de outras coisas, é certo que a igualdade, retirada a qual desaparece necessariamente a liberdade comum, não pode de maneira nenhuma conservar-se a partir do momento em que são atribuídas pelo direito público honras especiais a um homem famoso pela virtude.

9. Posto isso, vejamos agora se os estados desse tipo podem ser destruídos por alguma causa que lhes seja imputável. Na verdade, se há estado que pode ser eterno, é necessariamente aquele cujos direitos, uma vez corretamente instituídos, permanecem inviolados. Porque a alma[1]

---

1. Uma das poucas vezes que na obra de Espinosa surge o termo *anima*: em regra, o autor, fiel à doutrina desenvolvida na *Ética*, utiliza ou *mens* ou *animus*.

do estado são os direitos. Mantidos estes, mantém-se necessariamente o estado. Os direitos, contudo, não podem ser invencíveis a não ser que sejam defendidos não só pela razão, mas também pelo afeto comum dos homens; de outra forma, se estão apoiados só no auxílio da razão, sem dúvida são fracos e vencem-se facilmente. Dado, pois, que mostramos que os direitos fundamentais de ambos os estados aristocráticos se coadunam com a razão e com o afeto comum dos homens, podemos afirmar que, a haver estados eternos, estes sê-lo-ão necessariamente, ou que estes não podem ser destruídos por nenhuma causa que lhes seja imputável, mas só por algum fado inevitável.

10. Poder-nos-ão objetar que os direitos do estado apresentados no capítulo anterior, embora estejam defendidos pela razão e pelo afeto comum dos homens, podem não obstante algumas vezes ser vencidos. Com efeito, não há nenhum afeto que não seja alguma vez vencido por um afeto mais forte e contrário. Até o medo da morte nós vemos muitas vezes ser vencido pelo desejo do que é dos outros. Àqueles que fogem aterrorizados com medo do inimigo é impossível detê-los com medo de outra coisa, mas eles próprios precipitam-se nos rios ou arrojam-se no fogo para fugir ao ferro dos inimigos. Mesmo que a cidade esteja, portanto, corretamente ordenada e os direitos otimamente instituídos, contudo, nos maiores apertos do estado, quando todos, como acontece, são tomados por um terror pânico, nessa altura aprovam todos só aquilo que o medo imediato sugere, sem terem em conta alguma nem o futuro nem as leis, e todos os rostos se voltam para um homem famoso pelas suas vitórias, a quem isentam das leis, prorrogam o comando (péssimo exemplo) e confiam à sua lealdade toda a república, coisa que foi, sem dúvida, a causa da queda do império romano. Mas, para responder à objeção, digo em primeiro lugar que numa república corretamente constituída semelhante terror não nasce se-

[358] não de uma causa justa, pelo que tal terror e a confusão dele nascida não podem atribuir-se a nenhuma causa que a prudência humana possa evitar. Em seguida, deve notar-se que numa república como a que descrevemos no capítulo anterior é impossível acontecer *(pelos arts. 9 e 25 do cap. VIII)* que este ou aquele sobressaia de tal modo pela fama de virtude que os rostos se voltem todos para ele. Pelo contrário, ele terá necessariamente vários êmulos, a quem vários outros apoiarão. Assim, embora nasça do terror alguma confusão na república, ninguém pode, contudo, defraudar as leis nem nomear alguém ao arrepio do direito para o comando militar, sem que de imediato nasça contestação por parte dos que apoiam outros, para dirimir a qual será necessário, finalmente, recorrer aos direitos estatuídos e aprovados por todos e ordenar os assuntos do estado conforme as leis em vigor. Posso, portanto, afirmar absolutamente que o estado, quer o que é detido por uma só urbe, quer principalmente aquele que é detido por várias, é eterno, quer dizer, não pode ser dissolvido por nenhuma causa interna nem assumir uma outra forma.

Capítulo XI

1. Passo, enfim, ao terceiro e totalmente absoluto estado, a que chamamos democrático. Dissemos que a sua diferença em relação ao aristocrático consiste antes de mais em que, neste último, depende só da vontade e livre escolha do conselho supremo o ser nomeado este ou aquele para patrício, de tal maneira que ninguém tenha direito hereditário nem de voto, nem de acesso aos cargos do estado, e ninguém possa por direito reclamar para si tal direito, como acontece neste estado de que falamos agora. Com efeito, todos aqueles cujos pais são cidadãos, ou que nasceram no solo pátrio, ou que são beneméritos da república, ou a quem a lei, por outros motivos, manda atribuir o direito de cidade, todos esses, digo, reclamarão para si o direito de voto no conselho supremo e de aceder por direito a cargos do estado, o qual não é lícito recusar-lhes a não ser devido a crime ou infâmia.

2. Se, por conseguinte, for instituído por direito que só os mais velhos, que tenham atingido uma certa idade, ou que só os primogênitos, assim que a idade lho permita, ou os que contribuem com uma certa soma de dinheiro para a república, terão no conselho supremo direito de voto e de tratar dos assuntos de estado, ainda que por este método possa acontecer que o conselho supremo seja

[359] composto por menos cidadãos que o do estado aristocrático, do qual falamos antes, tais estados devem, não obstante, chamar-se democráticos, porquanto os seus cidadãos que são designados para governar a república não são escolhidos pelo conselho supremo, como os melhores, mas estão destinados a isso por lei. E se bem que estes estados, onde não são os melhores mas aqueles que têm a sorte de ser ricos ou primogênitos que são designados para governar, pareçam por essa razão piores que o estado aristocrático, contudo, se olharmos à prática, ou à condição comum dos homens, a coisa vai dar no mesmo. Com efeito, aos patrícios serão sempre os ricos, ou os que lhes são próximos pelo sangue, ou aqueles a quem os une a amizade, que parecerão os melhores. Sem dúvida, se as coisas com os patrícios se passassem de modo que eles escolhessem os colegas independentemente de qualquer afeto e movidos apenas por zelo pela salvação pública, nenhum estado seria comparável ao aristocrático. A experiência, porém, tem abundantemente ensinado que as coisas se passam de modo em tudo contrário, principalmente nas oligarquias, onde a vontade dos patrícios, por falta de emulação, está maximamente desvinculada da lei. Aí, com efeito, os patrícios afastam cuidadosamente do conselho os melhores e procuram para seus colegas no conselho os que dependem da palavra deles, de tal modo que em semelhante estado as coisas se passam muito pior, uma vez que a escolha dos patrícios depende da vontade absoluta e livre, isto é, desvinculada de toda a lei, de uns tantos. Volto, no entanto, ao princípio.

3. Pelo que se disse no artigo anterior, está claro que nós podemos conceber diversos gêneros de estado democrático. O meu desígnio não é tratar de cada um deles, mas só daquele onde têm o direito de voto e de aceder a cargos do estado absolutamente todos os que estão obrigados só às leis pátrias e que, além disso, estão sob juris-

dição de si próprios e vivem honestamente. Digo expressamente *os que estão obrigados só às leis pátrias*, a fim de excluir os estrangeiros, que estão recenseados como sendo de outro estado. Acrescentei, além disso, *que, à parte o estarem sujeitos às leis do estado, no resto estão sob jurisdição de si próprios*, para excluir as mulheres e os servos, que estão sob o poder dos homens e dos senhores, assim como os filhos e os pupilos, porquanto estão sob o poder dos pais e dos tutores. Disse, enfim, *e vivem honestamente*, para excluir sobretudo os que, devido a crime ou a algum gênero torpe de vida, têm má fama.

4. Talvez haja quem pergunte se é por natureza ou por instituição que as mulheres devem estar sob o poder dos homens. Com efeito, se for só por instituição que tal acontece, então nenhuma razão nos obriga a excluir as mulheres do governo. Porém, se consultarmos a própria experiência, veremos que isto deriva da sua fraqueza. Em parte nenhuma aconteceu, com efeito, os homens e as mulheres governarem juntos, mas em qualquer parte da terra onde se encontrem homens e mulheres vemos os homens reinarem e as mulheres serem governadas, vivendo assim ambos os sexos em concórdia. Pelo contrário, as amazonas, de quem se espalhou a fama de terem outrora reinado, não toleravam homens a morar no solo pátrio: amamentavam só as fêmeas e, se parissem machos, matavamnos. Se as mulheres fossem por natureza iguais aos homens e sobressaíssem igualmente pela fortaleza de ânimo e pelo engenho, que são aquilo em que acima de tudo consiste a potência humana e, por conseguinte, o direito, sem dúvida que, entre tantas e tão diversas nações, se encontrariam algumas onde os dois sexos governassem em paridade e outras onde os homens fossem governados pelas mulheres e educados de modo a terem, pelo engenho, menos poder. Como isto não aconteceu em parte nenhuma, é totalmente lícito afirmar que as mulheres, por natu-

[360]

reza, não têm o mesmo direito que os homens e estão-lhes necessariamente submetidas, de tal modo que não é possível acontecer que ambos os sexos governem de igual modo e, muito menos, que os homens sejam governados pelas mulheres. Se, além disso, considerarmos os afetos humanos, ou seja, que os homens a maioria das vezes amam as mulheres só pelo afeto libidinoso e apreciam o seu engenho e a sua sabedoria só na medida em que elas sobressaem pela beleza, suportam com muita dificuldade que aquelas a quem amam se interessem de algum modo por outros, e coisas do mesmo gênero, facilmente veremos que não é possível, sem prejuízo grave da paz, homens e mulheres governarem de igual modo. Mas, sobre isto, já chega.

O resto falta.